Projektmanagement für das Höhere Wirtschaftsdiplom HWD
Grundlagen mit Beispielen, Repetitionsfragen und Antworten

Andreas Führer und Rita-Maria Züger

2., überarbeitete Auflage 2018

Projektmanagement für das Höhere Wirtschaftsdiplom HWD
Grundlagen mit Beispielen, Repetitionsfragen und Antworten
Andreas Führer und Rita-Maria Züger

Grafisches Konzept und Realisation, Korrektorat: Mediengestaltung, Compendio Bildungsmedien AG, Zürich
Illustrationen: Oliver Lüde, Winterthur
Druck: Edubook AG, Merenschwand
Coverbild: © Gary S Chapman/gettyimages

Redaktion und didaktische Bearbeitung: Rita-Maria Züger

Artikelnummer: 16302	Artikelnummer E-Book: E-16652
ISBN: 978-3-7155-7777-7	ISBN E-Book: 978-3-7155-7886-6
Auflage: 2., überarbeitete Auflage 2018	Code E-Book: XHWDE 005
Ausgabe: U1098	
Sprache: DE	
Code: XHWD 005	

Alle Rechte, insbesondere die Übersetzung in fremde Sprachen, vorbehalten. Der Inhalt des vorliegenden Buchs ist nach dem Urheberrechtsgesetz eine geistige Schöpfung und damit geschützt.

Die Nutzung des Inhalts für den Unterricht ist nach Gesetz an strenge Regeln gebunden. Aus veröffentlichten Lehrmitteln dürfen bloss Ausschnitte, nicht aber ganze Kapitel oder gar das ganze Buch fotokopiert, digital gespeichert in internen Netzwerken der Schule für den Unterricht in der Klasse als Information und Dokumentation verwendet werden. Die Weitergabe von Ausschnitten an Dritte ausserhalb dieses Kreises ist untersagt, verletzt Rechte der Urheber und Urheberinnen sowie des Verlags und wird geahndet.

Die ganze oder teilweise Weitergabe des Werks ausserhalb des Unterrichts in fotokopierter, digital gespeicherter oder anderer Form ohne schriftliche Einwilligung von Compendio Bildungsmedien AG ist untersagt.

Copyright © 2014, Compendio Bildungsmedien AG, Zürich

Die Printausgabe dieses Buchs ist klimaneutral in der Schweiz gedruckt worden. Die Druckerei Edubook AG hat sich einer Klimaprüfung unterzogen, die primär die Vermeidung und Reduzierung des CO_2-Ausstosses verfolgt. Verbleibende Emissionen kompensiert das Unternehmen durch den Erwerb von CO_2-Zertifikaten eines Schweizer Klimaschutzprojekts.
Mehr zum Umweltbekenntnis von Compendio Bildungsmedien finden Sie unter: www.compendio.ch/Umwelt

Das Zertifikat für Qualitätsmanagement nach ISO 9001:2015 ist für Kunden und Partner von Compendio Bildungsmedien ein unabhängiger Nachweis für Kompetenz und Leistungsfähigkeit des Unternehmens. Mehr dazu: www.compendio.ch/ISO

Inhaltsverzeichnis

Zur Reihe «Höheres Wirtschaftsdiplom HWD»		6
Vorwort		7

Teil A Grundlagen des Projektmanagements 9

Einstieg 10

1 Grundbegriffe des Projektmanagements 11
1.1 Projektmerkmale 11
1.2 Projektarten 12
1.3 Projektmanagement 13
1.4 Erfolgsfaktoren für Projekte 15

Zusammenfassung 18
Repetitionsfragen 18

2 Vorgehensmethodik 19
2.1 Basis-Phasenkonzept 19
2.2 Vorgehen in den Planungsphasen (Planungszyklus) 22
2.3 Projektmanagement-Tools einsetzen 23

Zusammenfassung 24
Repetitionsfragen 25

Teil B Projekte initialisieren 27

Einstieg 28

3 Projektinitialisierung 29
3.1 Projektidee 29
3.2 Projektantrag 30
3.3 Antragsprüfung 32
3.4 Entscheid 33
3.5 Projektauftrag 34
3.6 Projektfreigabe und -start 36

Zusammenfassung 36
Repetitionsfragen 37

4 Projektziele definieren 38
4.1 Ziele ermitteln 38
4.2 Ziele analysieren 39
4.3 Ziele klassifizieren 42
4.4 Ziele operationalisieren 44
4.5 Ziele gewichten 44
4.6 Zielentscheid herbeiführen 46
4.7 Ziele kommunizieren 47

Zusammenfassung 47
Repetitionsfragen 47

5 Stakeholdermanagement 49
5.1 Ziele, Grundsätze und Vorgehen 49
5.2 Projektumfeldanalyse 51
5.3 Stakeholdermanagementkonzept entwickeln 54
5.4 Massnahmen definieren und Umsetzung planen 55
5.5 Wirksamkeitskontrolle 56
5.6 Praxistipps zum Stakeholdermanagement 56

Zusammenfassung 57
Repetitionsfragen 57

6 Information und Dokumentation 58
6.1 Ziele und Grundsätze der Projektinformation 58
6.2 Projektinformationskonzept 59
6.3 Projektdokumentation 60

Zusammenfassung 61
Repetitionsfragen 61

	7	**Projektorganisation planen**	**62**
	7.1	Stellen bilden	62
	7.2	Organisationsformen in Projekten	66
		Zusammenfassung	70
		Repetitionsfragen	71

Teil C Projekte planen 73

Einstieg 74

8 Projektstrukturplan 75
- 8.1 Zweck 76
- 8.2 Aufbau 76
- 8.3 Gliederungsprinzipien 77
- 8.4 Arbeitspakete beschreiben 79

Zusammenfassung 80
Repetitionsfragen 81

9 Ablauf- und Terminplanung 82
- 9.1 Vorgangsliste erstellen 82
- 9.2 Netzplan erstellen 85
- 9.3 Terminplan erstellen 87

Zusammenfassung 88
Repetitionsfragen 89

10 Ressourcenplanung 90
- 10.1 Ressourcenbedarf ermitteln 90
- 10.2 Ressourcen evaluieren 91
- 10.3 Ressourcenplan erstellen 92

Zusammenfassung 93
Repetitionsfragen 93

11 Kostenplanung 94
- 11.1 Kosten ermitteln 94
- 11.2 Kostenplan erstellen 96
- 11.3 Praxistipps zur Kostenplanung 97

Zusammenfassung 97
Repetitionsfragen 98

Teil D Projekte steuern und abschliessen 99

Einstieg 100

12 Projektcontrolling 101
- 12.1 Ist-Situation des Projekts erheben 102
- 12.2 Soll-Ist-Vergleich durchführen 106
- 12.3 Abweichungsursachen ermitteln 114
- 12.4 Steuerungsmassnahmen entwerfen 115
- 12.5 Projektstatusbericht (Reporting) 115

Zusammenfassung 116
Repetitionsfragen 117

13 Änderungen bearbeiten 118
- 13.1 Ursachen für Änderungen 119
- 13.2 Folgen nicht gemanagter Änderungen 119
- 13.3 Systematisches Änderungsmanagement 120
- 13.4 Praktische Tipps zum Umgang mit Änderungen 122

Zusammenfassung 123
Repetitionsfragen 123

14 Risiken bearbeiten 124
- 14.1 Ziele und Grundsätze des Risikomanagements 124
- 14.2 Risikomanagementprozess 125

Zusammenfassung 129
Repetitionsfragen 129

	15	**Projektabschluss**	**130**
	15.1	Ziele und Einordnung im Phasenkonzept	130
	15.2	Die Lösung in den produktiven Betrieb übergeben	130
	15.3	Dokumentation erstellen	131
	15.4	Projektorganisation aufheben	132
	15.5	Erkenntnisse aus der Praxis	133
		Zusammenfassung	134
		Repetitionsfragen	134

Teil E   Anhang   135

Antworten zu den Repetitionsfragen   136
Stichwortverzeichnis   144

Zur Reihe «Höheres Wirtschaftsdiplom HWD»

Seit seiner Gründung im Jahr 2000 verfolgt der VSK Verband Schweizerischer Kaderschulen das Ziel, ein gutes Umfeld für eine gründliche, zeitgemässe Ausbildung von Fach- und Führungskräften in verschiedensten betriebswirtschaftlichen Bereichen zu schaffen. Mitglieder sind private Kaderschulen, die sich verpflichten, Lehrgänge entsprechend den Vorschriften des Verbands und den gesetzlichen Vorgaben durchzuführen.

Das Höhere Wirtschaftsdiplom ist eine vom VSK reglementierte Weiterbildung. Es handelt sich um eine Generalisten-Ausbildung, die für Personen mit einer kaufmännischen Vorbildung geeignet ist. Als fundierte betriebswirtschaftliche Grund- und Führungsausbildung bereitet sie Berufsleute auf eine Kaderfunktion vor.

Das vorliegende Lehrmittel ist in Zusammenarbeit mit Compendio Bildungsmedien entstanden. Es soll Lernende während des Lehrgangs unterstützen und sie optimal auf das Höhere Wirtschaftsdiplom VSK vorbereiten. Wir wünschen uns, dass das Lehrmittel viele Absolventinnen und Absolventen auf dem Weg zum Diplom begleiten wird und dazu beitragen kann, die Ausbildung erfolgreich abzuschliessen.

Viel Vergnügen beim Lesen und Lernen und vor allem: viel Erfolg!

Ihr VSK-Vorstand

Vorwort

Dieses Lehrmittel behandelt grundlegende Fragen und Zusammenhänge des modernen Projektmanagements. Es soll Sie darin unterstützen, Ihre praktischen Erfahrungen mit theoretischem Wissen zu verbinden und nützliche Erkenntnisse für Ihre berufliche Tätigkeit zu gewinnen.

Inhalt und Aufbau dieses Lehrmittels

Das vorliegende Lehrmittel gliedert sich in insgesamt fünf Teile:

- **Teil A:** die Grundbegriffe des Projektmanagements und die Vorgehensmethodik im Projektmanagement
- **Teil B:** der Projektinitialisierungsprozess und die damit verbundenen Aufgaben der Zieldefinition, des Stakeholdermanagements, der Information, Dokumentation und der Bestimmung der Projektorganisation
- **Teil C:** die Planung der Projektstruktur, des Ablaufs und der Termine, der Ressourcen und der Kosten für das Projekt
- **Teil D:** die im Zusammenhang mit der Projektsteuerung und dem Projektabschluss anfallenden Aufgaben des Projektcontrollings, des Änderungs- und Risikomanagements sowie der Berichterstattung (Reporting)
- **Teil E:** Anhang mit den kommentierten Musterlösungen zu den Repetitionsfragen und dem Stichwortverzeichnis

Zur aktuellen Auflage

Diese Ausgabe wurde gegenüber der letzten Ausgabe inhaltlich korrigiert und sprachlich überarbeitet. Nebst einzelnen Aktualisierungen haben wir die Erläuterungen zu den Projektzielen anhand eines durchgängigen Beispiels verbessert (Kap. 4), die Projektmanagement-Tools (Kap. 2.3), je ein Beispiel zum Projektantrag (Kap. 3.2) und zum Projektauftrag (Kap. 3.5) und die Bezeichnung «Gantt-Diagramm» beim Balkendiagramm ergänzt (Kap. 9.3) sowie die Kommentare zu einzelnen Auswertungsdiagrammen korrigiert oder verbessert (Kap. 12). Das Beispielprojekt «Verkaufssystem» haben wir durch die zeitgemässere Bezeichnung «CRM-System» ersetzt und einzelne Repetitionsfragen klarer formuliert.

In eigener Sache

Haben Sie Fragen oder Anregungen zu diesem Lehrmittel? Sind Ihnen Tipp- oder Druckfehler aufgefallen? Über unsere E-Mail-Adresse postfach@compendio.ch können Sie uns diese gerne mitteilen.

Wir wünschen Ihnen viel Spass und Erfolg beim Studium dieses Lehrmittels!

Zürich, im August 2018

Andreas Führer, Autor
Rita-Maria Züger, Redaktorin

Teil A
Grundlagen des Projektmanagements

Einstieg

Heute sehen sich Führungspersonen auf allen Stufen mit komplexen Problemstellungen konfrontiert, die sich in der herkömmlichen Linienorganisation nicht oder zumindest nicht optimal lösen lassen. Vielmehr ist eine bereichs- oder abteilungsübergreifende Zusammenarbeit unter Einbezug unterschiedlichster Fähigkeiten und Kenntnisse gefordert. Die gemeinsame Projektarbeit bietet dafür eine geeignete Form.

Deshalb gewinnt das Projektmanagement als Organisationsform und als methodisches Vorgehen immer mehr an Bedeutung. Bei Führungspersonen wird heute als selbstverständlich vorausgesetzt, dass sie die Grundlagen des Projektmanagements beherrschen. Nach wie vor scheitern jedoch manche Projekte aufgrund eines fehlenden oder mangelhaft betriebenen Projektmanagements.

Um die Anforderungen an die Projektleitung besser zu verstehen, lernen Sie im nachfolgenden Teil die Grundlagen des Projektmanagements näher kennen:

- Im Kapitel 1 die typischen Merkmale eines Projekts, die unterschiedlichen Projektarten, die Schlüsselfragen und die Erfolgsfaktoren des Projektmanagements.
- Im Kapitel 2 eine typische Vorgehensmethodik für das Projektmanagement. Die Projektarbeit sinnvoll zu strukturieren und zu systematisieren, erleichtert die Projektleitung.

1 Grundbegriffe des Projektmanagements

Lernziele Nach der Bearbeitung dieses Kapitels können Sie ...

- anhand von Beispielen die typischen Merkmale eines Projekts bestimmen.
- die wichtigsten Aspekte des Projektmanagements und die Erfolgsfaktoren für Projekte beschreiben.

Schlüsselbegriffe Einzelprojektmanagement, Erfolgsfaktoren für Projekte, Projektarten, Projektmanagement, Projektmerkmale

Alle grösseren Veränderungs- bzw. Entwicklungsvorhaben in Unternehmen finden fast ausschliesslich über Projekte statt. Herkömmliche Arbeitsmethoden sind weniger gut geeignet, die wachsende Dynamik, die grosse Anzahl von Einflussfaktoren und deren Vernetzung zu erfassen und die damit verbundenen Fragestellungen angemessen zu lösen. Die folgenden drei Veränderungen sprechen für die Projektarbeit:

- **Technischer Fortschritt und Zeitdruck:** Die Innovationszyklen werden immer kürzer. Man kann nicht einfach abwarten und zuschauen, was die anderen machen. Eine solche Haltung würde in vielen Fällen bereits einen Wettbewerbsnachteil zur Folge haben. Dies erzeugt in vielen Situationen einen ungewünschten Zeitdruck.
- **Steigende Komplexität:** Viele reale Situationen werden immer komplexer. Die Menge an Vorschriften, Gesetzen usw., die bei Gestaltungsaufgaben beachtet werden müssen, nimmt permanent zu. Zudem kann man heute selten nur noch mit Blick auf das eigene Unternehmen Veränderungen vornehmen, da die Globalisierung der Märkte, die Konzentration der Unternehmen zu immer grösseren Konzernen zunehmend eine ganzheitliche Denkweise erfordern.
- **Das notwendige Wissen nimmt zu:** Das notwendige Wissen zur Anwendung der zur Verfügung stehenden Technologien wird immer anspruchsvoller, sodass vermehrt Spezialisten in den einzelnen Veränderungsaufgaben eingesetzt werden müssen. Dies führt dazu, dass man zur Bewältigung von Aufgaben immer mehr Personen benötigt und schon aus diesem Grund vermehrt auf Teamarbeit setzen muss.

Auch die Projektarbeit erfordert einen organisatorischen Rahmen, in dem sie geregelt ablaufen kann. Allerdings sind die Grenzen fliessend zwischen Aufgaben, die als spezielle Projektarbeit gelten, und solchen, die zur «normalen» Linienarbeit gehören. Häufig wird anhand von firmeninternen Kriterien entschieden, ob ein Vorhaben als Projekt abzuwickeln ist.

1.1 Projektmerkmale

Ein Projekt ist gekennzeichnet durch sechs Merkmale, die jedoch nicht alle gleichzeitig zutreffen müssen:

1. **Zeitlich befristet:** Es hat einen klar definierten Anfang und ein klar definiertes Ende.
2. **Komplexität:** Viele Faktoren, die untereinander in einer Wechselbeziehung stehen, müssen gleichzeitig berücksichtigt werden.
3. **Einmaligkeit:** Die spezifischen Bedingungen, die Ausgangslage und die Zielsetzung des Projekts sind einmalig, d.h., sie waren genau in diesem Setting noch nicht in anderen Projekten vorhanden.
4. **Begrenzte Ressourcen:** Alle Ressourcen wie Personal, Sachmittel, finanzielle Mittel usw. sind nur begrenzt vorhanden.
5. **Innovativ:** Das Resultat des Projekts hat i. d. R. einen Neuigkeitswert.
6. **Risikobehaftet:** Da in jedem Projekt in irgendeiner Form etwas Neues entsteht, kann man sich nicht oder nur teilweise auf Erfahrungswerte abstützen und geht daher Risiken ein.

Abb. [1-1]   Projektmerkmale

1.2 Projektarten

Projekte lassen sich nach verschiedenen Kriterien klassifizieren. Um die Unterschiede zwischen Projekten aufzuzeigen, werden typischerweise die folgenden Einteilungskriterien verwendet:

- Projektinhalt: Investitions-, F&E-, Organisations-, IT- und Marketingprojekte
- Grösse und Umfang: klein, mittel oder gross
- Komplexität: hoch, mittel oder gering
- Laufzeit: kurz-, mittel- oder langfristig
- Strategische Bedeutung: Wichtigkeit für das Unternehmen
- Reichweite: regional, national, international bzw. Abteilung, Unternehmen, Konzern
- Stellung des Kunden bzw. Auftraggebers: externe und interne Projekte

Die Liste in Abb. 1-2 zeigt einige typische Unternehmensprojekte auf; sie ist jedoch nicht abschliessend.

Abb. [1-2]   Projektarten

Art	Merkmale bzw. Ziele	Beispiele
Bau- und Investitionsprojekte	Herstellung, Errichtung oder Beschaffung von Sachanlagen	• Bauvorhaben • Beschaffung eines vollautomatischen Hochregallagersystems • Erweiterung Fabrikationsanlagen
(F&E-)Projekte	Produkt- oder Prozessinnovationen: Einsatz neuer Techniken, Materialien, Produkteigenschaften, Produktionsverfahren usw.	• Medizinische Forschung • Produkt(weiter)entwicklung • Entwicklung eines Prototyps
Organisationsprojekte	Entwicklung oder Veränderung der Aufbau- und Ablauforganisation, Verbesserung der Leistungsfähigkeit einer Organisationseinheit	• Reorganisation: Abteilungen, Prozesse • Gründung eines Unternehmens (Start-up) • Zusammenlegen von Standorten nach einer Fusion
IT-Projekte	Entwicklung von Softwareprogrammen, Aufbau oder Anpassung der IT-Infrastruktur	• Neue Software für Auftragsbearbeitung • Implementierung eines neuen PC-Betriebssystems • Aufbau einer neuen Software-Entwicklungsumgebung
Marketingprojekte	Marktbezogene Entwicklungsvorhaben zur Kundenakquisition und Kundenbindung	• Aufbau neuer Vertriebskanäle • Verkaufs-Sonderaktionen • Kundenevents, Sponsoring, Kongresse

Hinweis	Zur Abgrenzung einige typische Beispiele von Nichtprojekten:
	• Herstellung von Produkten
	• Lieferung von Produkten an einen Kunden
	• Erbringen von Dienstleistungen (Haareschneiden, Vermögensberatung, Kursleitung usw.)
	• Wartung einer Produktionsanlage
	• Reparatur eines Autos

1.3 Projektmanagement

Projektmanagement verfolgt das Ziel, ein Projekt von der ersten Idee bis zum Abschluss des Projekts aus Sicht des Auftraggebers führbar zu gestalten und die Wahrscheinlichkeit für den Projekterfolg so hoch wie möglich zu halten. Ebenso soll die Anwendung von Methoden und Techniken des Projektmanagements die Abwicklung des Projekts optimal unterstützen.

Projektmanagement kann man aus zwei Perspektiven betrachten:

- Aus Sicht des Unternehmens mit Blick auf alle Projekte: Hierunter wird die Institutionalisierung des Projektmanagements (das unternehmensspezifische Projektgefäss) und das Multiprojektmanagement (Management aller Projekte im Unternehmen) verstanden. Diese Sichtweise wird in diesem Lehrmittel nicht behandelt.
- Aus Sicht des Einzelprojekts: Hierunter sind alle Methoden, Techniken und Prozesse zu verstehen, die das Führen und Abwickeln eines Projekts unterstützen. Dieses Lehrmittel beschäftigt sich ausführlich mit dieser Sichtweise.

Beim Einzelprojekt sind die in Abb. 1-3 aufgeführten Schlüsselfragen, die daraus abgeleiteten typischen Aufgaben und die dazugehörigen Projektmanagementkomponenten von Bedeutung.

Abb. [1-3] Schlüsselfragen und typische Aufgaben im Einzelprojektmanagement

Schlüsselfrage	Typische Aufgaben	Projektmanagementkomponente
Bearbeiten wir die richtigen Projekte?	• Projektideen strategisch beurteilen. • Prioritäten im Projektportfolio setzen. • Projektaufträge formulieren.	Projektinitialisierung
Wie bearbeiten wir das Projekt fachgemäss?	• Projektorganisation bilden. • Projektaufgaben strukturieren. • Meilensteine definieren, Ressourceneinsatz und Kosten planen.	Projektplanung
Wie bleiben wir auf dem geplanten Kurs?	• Projektstatus ermitteln und überprüfen. • Soll-Ist-Vergleiche durchführen. • Steuerungs- und Korrekturmassnahmen entwickeln.	Projektsteuerung (Projektcontrolling)
Wie gehen wir mit betroffenen Menschen konstruktiv um?	• Projektteams führen und motivieren. • Die vom Projekt betroffenen Personen einbeziehen. • Konflikte konstruktiv nutzen.	Projektführung und Stakeholdermanagement
Wie verschaffen wir dem Projekt den besten Rückenwind?	• Beziehungen mit Stakeholdern gestalten. • Für das Projekt werben. • Mit Entscheidern kooperieren.	Stakeholdermanagement
Wie gehen wir mit Informationen professionell um?	• Informationsbedürfnisse ermitteln. • Informationsfluss konzipieren. • Entscheidungen dokumentieren.	Information und Dokumentation
Wie beenden wir das Projekt zweckmässig?	• Projektorganisation auflösen. • Schlussbericht verfassen. • Lessons learned reflektieren.	Projektabschluss

1.3.1 Projektinitialisierung

Bei der Projektinitialisierung geht es darum, eine Projektidee so zu konkretisieren und mit Informationen anzureichern, dass eine Entscheidungsgrundlage vorliegt: Soll diese Projektidee verwirklicht werden oder sollten andere Projektideen Vorrang haben? Die Projektinitialisierung endet mit einem (genehmigten) Projektauftrag, d. h. mit der Projektfreigabe.

1.3.2 Projektplanung

Die Projektplanung beantwortet die Frage: Was alles muss getan werden, um den Projektauftrag zu erfüllen und folglich das Projektziel zu erreichen? Im Projektstrukturplan (PSP) werden die projektbezogenen Aufgaben bestimmt. Daraus ergeben sich weitere planerische Elemente, insbesondere die Zeit-, die Kosten- und die Ressourcenplanung. Die Projektplanung liefert die Grundlage für die Projektsteuerung und für das Erreichen der Projektziele.

Hinweis — Unter einem Meilenstein versteht man ein Ereignis mit einer herausragenden Bedeutung für den Projektverlauf.

1.3.3 Projektsteuerung

Die Projektsteuerung (auch Projektcontrolling genannt) dient dazu, das Projekt gemäss der Projektplanung auf Kurs zu halten oder – wenn dies nicht (mehr) realistisch ist – den Anstoss für eine Planungsanpassung zu geben. Dazu müssen die relevanten Informationen zum Projektstatus erhoben und mit den Planwerten verglichen werden. Bei Abweichungen werden deren Ursachen untersucht und situationsgerechte Steuerungsmassnahmen ergriffen.

Die Projektsteuerung umfasst nicht nur die vergangenheits- und gegenwartsbezogene Betrachtung des Projektverlaufs, sondern auch den Blick in die Zukunft, der mit der Risikoanalyse abgedeckt wird.

1.3.4 Projektführung

Projektführung bedeutet vor allem, das Projektteam so gut arbeitsfähig zu machen, dass es eine optimale Gesamtleistung erbringt und so den Projekterfolg sichert. Wie in jeder anderen Führungssituation gelingt dies, wenn jedes Teammitglied seine individuellen Fähigkeiten bestmöglich einbringen kann. Persönliche Motivation wird dank anspruchsvoller Ziele und Aufgaben und der damit verbundenen Anerkennung gefördert. Zu einem vertrauensvollen, kooperativen Arbeitsklima und zum Zusammenhalt im Projektteam tragen gemeinsame Werte und Verhaltensregeln bei. Wichtig ist auch der konstruktive Umgang mit kritischen Situationen und mit Konflikten, die in beinahe jedem Projekt auftreten.

Es braucht ausgeprägte Leadership-Fähigkeiten, um vertrauensvolle und konstruktive Beziehungen mit dem Projektteam und mit weiteren mit dem Projekt verbundenen Personen (Anspruchsgruppen oder Stakeholdern) zu gestalten.

1.3.5 Projektmarketing

Alle Aktivitäten, die auf den «Verkauf» des Projekts ausgerichtet sind, werden als Projektmarketing bezeichnet. Dadurch wird die Akzeptanz des Projekts bewusst gefördert und der Weg zum Projekterfolg geebnet.

Eine zentrale Marketingaufgabe ist das Stakeholdermanagement: Die relevanten Anspruchsgruppen (Stakeholder) eines Projekts, deren Interessen und Beeinflussungsmöglichkeiten werden ermittelt, um daraus zweckdienliche Kommunikationsmassnahmen für die einzelnen Stakeholder abzuleiten.

1.3.6 Projektinformation und -dokumentation

Da Projekte ausserhalb der etablierten und eingespielten Linienorganisation abgewickelt werden, ist eine zweckmässige Informationspolitik besonders wichtig. Die Informationsbedürfnisse der Projektbeteiligten und der Entscheidungsgremien sind angemessen zu befriedigen. Typischerweise wird dazu ein projektbezogenes Informationskonzept entwickelt.

In der Projektdokumentation wird einerseits der Projektverlauf festgehalten und dadurch die Nachvollziehbarkeit der erzielten Ergebnisse sichergestellt. Andererseits werden darin auch die inhaltlichen Arbeitsergebnisse in Form von Lösungskonzepten, Evaluationsberichten usw. aufgezeichnet. Eine gute Projektdokumentation verringert überdies die Abhängigkeit von den am Projekt mitwirkenden Schlüsselpersonen.

1.3.7 Projektabschluss

Beim Projektabschluss fallen alle Aufgaben an, die das ordnungsgemässe Beenden des Projekts und die formale Übergabe an den Auftraggeber betreffen. Dazu gehören z. B. das Auflösen des Projektteams, das Übergeben des erarbeiteten Projektresultats und das Sicherstellen von dessen weiterer Betreuung, etwa durch eine Betriebsorganisation.

Mit dem Projektabschluss erfolgt auch der Rückblick auf den Projektverlauf. Es werden die «Lessons learned» ermittelt: wertvolle Erkenntnisse, die für weitere Projekte genutzt werden können.

1.4 Erfolgsfaktoren für Projekte

Erfolgsfaktoren tragen zur Erreichung eines gewünschten Soll-Zustands entscheidend bei. Dass sie miteinander eng verbunden sind und sich gegenseitig positiv oder negativ verstärken können, macht die Projektarbeit besonders anspruchsvoll. Abb. 1-4 soll die vielfältigen Beziehungen zwischen den sieben Erfolgsfaktoren verdeutlichen.

Abb. [1-4]   Erfolgsfaktoren für Projekte

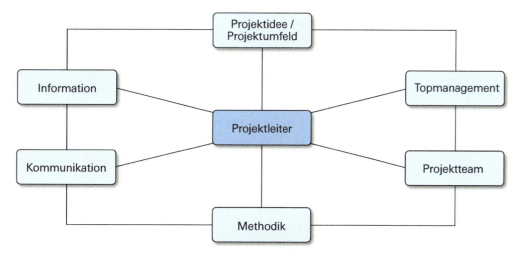

1.4.1 Projektleiter

Der Projektleiter gestaltet die Rahmenbedingungen für eine erfolgreiche Zusammenarbeit im Projektteam. Dazu braucht er die Fähigkeit, auf die am Projekt Beteiligten und ihre Bedürfnisse einzugehen, ihnen respektvoll, offen und wertschätzend zu begegnen und mit ihnen vertrauensvolle Beziehungen aufzubauen. Mit seinen Führungsqualitäten schafft er persönliche Akzeptanz und trägt so massgeblich zu einer konstruktiven Projektarbeit bei.

Die Auswahl von Projektleitern erfolgt oft aufgrund ihrer Fachkompetenz. Diese spielt zwar eine wichtige Rolle, für den Projekterfolg sind aber die soziale und die persönliche Kompetenz ausschlaggebend. Der Projektleiter muss meist eher als ein Generalist wirken und weniger als ein Fachspezialist.

Genauso wie der Projektleiter sein Team aktiv unterstützen muss, ist er auf die aktive Unterstützung des Auftraggebers bei der Erfüllung seiner Aufgabe angewiesen.

1.4.2 Topmanagement

Dem Topmanagement kommt eine besondere Bedeutung für das Projektmanagement zu, da es die oberste Entscheidungskompetenz über das Projekt und über dessen Rahmenbedingungen hat. Dementsprechend muss es seine Rolle als «Promotor» des Projekts bewusst wahrnehmen und den Projekterfolg aktiv fördern.

Beispiel In einem Reorganisationsprojekt sollen zwei Firmenstandorte zusammengelegt werden. Einige Betroffene wehren sich dagegen und kritisieren die Arbeit des Projektteams scharf. Daraufhin beruft die Verwaltungsratspräsidentin eine Mitarbeiterversammlung ein, in der sie ihre Sicht als Auftraggeberin und die Ziele des Reorganisationsprojekts erläutert. In ihrer Rede bekräftigt sie ihr Vertrauen in die Arbeit des Projektteams und bittet die Anwesenden eindringlich, bei der Zusammenlegung der Standorte konstruktiv mitzuwirken.

Eine passive Haltung gegenüber dem Projekt, das Nichtbeachten des Projektfortschritts oder zögerliche Entscheidungen hemmen oder verunmöglichen dagegen den Projekterfolg. Tatsächlich besteht zwischen dem Topmanagement und den Projektteams oft eine grosse Distanz. Manchmal betrachtet man einander sogar mehr als Gegner denn als Partner. Dies zeigt sich beispielsweise, wenn die am Projekt Beteiligten nur unzureichend in wichtige Entscheidungsprozesse eingebunden werden oder wenn das Topmanagement seine Entscheidungen und Ziele nicht transparent macht.

1.4.3 Projektteam

In manchen Unternehmen scheinen die Team- und die Projektarbeit mittlerweile die einzig möglichen Arbeitsformen zu sein. In der Folge werden alltägliche Aufgaben als aufwendige Projekte in einem grossen Team angegangen, obwohl sie in den normalen Arbeitsprozessen, in einem Kleinteam oder als Einzelarbeit effizienter erledigt würden.

Als Projekte gelten komplexe, funktionsübergreifende oder neuartige Aufgaben, deren Bewältigung die Teamarbeit erfordert. Ein optimales Projektteam wird so «zusammengestellt», dass möglichst alle Interessen am Projektergebnis optimal vertreten sind. Das Projektteam muss allmählich so zusammenwachsen, dass ein Wir-Gefühl entsteht und sich daraus ein produktives Zusammenarbeiten entwickelt. Eine wichtige Projektleitungsaufgabe ist daher, den Teambildungsprozess aktiv zu fördern, damit das Projektteam in seiner Arbeit möglichst rasch Erfolgserlebnisse erzielen kann.

1.4.4 Methodik

Bei einem Projekt handelt es sich um ein einmaliges Vorhaben, das in dieser Form noch nicht vorkam und bei dem man folglich nicht auf Erfahrung oder Routine zurückgreifen kann. Ein methodisches Vorgehen in der Projektarbeit ist daher besonders wichtig, bei der Projektplanung wie auch bei der Projektsteuerung.

Das methodische Vorgehen bildet eine Art Leitplanke für alle Beteiligten, verhindert ein chaotisches und ineffizientes Vorgehen und vermindert das Risiko von zufälligen oder willkürlichen Entscheidungen. Ebenso verbessert es die Qualität der erzielten Resultate und somit auch die Erfolgschancen für das betreffende Projekt.

1.4.5 Kommunikation

Projektlösungen führen vielfach zu tief greifenden Veränderungen, die sich unmittelbar auf die tägliche Arbeit und auf die Arbeitsabläufe auswirken. Dies erfordert eine besonders sorgfältige und umsichtige Kommunikation und die Beziehungspflege mit allen Stakeholdern, die aufgrund ihrer eigenen Interessen unterschiedliche Vorstellungen oder ganz bestimmte Erwartungen an das Projektresultat haben. Für jedes Projekt sollte daher ein umfassendes Kommunikations- oder Stakeholdermanagementkonzept vorliegen.

1.4.6 Information

Die Projektarbeit bewegt sich ausserhalb der im Unternehmen bestehenden Organisation und somit ausserhalb der eingespielten Informationsbeziehungen. Aus diesem Grund ist es besonders wichtig, klar zu regeln, welche Informationen zum Projekt an wen wann und wie erfolgen müssen. Dadurch wird die Gefahr von Missverständnissen, Doppelspurigkeiten oder fehlender Akzeptanz verringert. Typischerweise wird deshalb für jedes Projekt ein spezielles Informationskonzept entwickelt.

1.4.7 Projektidee / Projektumfeld

Jedes Projekt ist in ein bestimmtes Umfeld mit seinen Ansprüchen und Erwartungen eingebettet. Dessen Erfolg ist massgeblich davon abhängig, ob die Projektidee in diesem Umfeld, d. h. bei den Stakeholdern, auf Akzeptanz stösst.

Hinweis	Die DIN 69 904 definiert das Projektumfeld als das «Umfeld, in dem ein Projekt entsteht und durchgeführt wird, das das Projekt beeinflusst und von dessen Auswirkungen das Projekt beeinflusst wird.»

Nebst dem unmittelbaren betrieblichen Umfeld sind besonders auch Einflüsse aus dem erweiterten Projektumfeld zu beachten, die kaum oder nicht beeinflussbar sind. Eine sorgfältige Projektumfeldanalyse ist daher ein unerlässlicher Bestandteil des Projekts. Dabei werden alle denkbaren Wechselwirkungen zwischen dem Projekt und seinem Umfeld ermittelt und analysiert.

Beispiel	Einflussfaktoren aus dem erweiterten Projektumfeld: • Technologieentwicklungen, Materialeigenschaften, Klima, IT-Systeme • Öffentliche Meinung • Rechtliche Normen, Vorschriften, Gesetze • Unternehmensorganisation, Geschäftsprozesse • Budgetvorgaben, zeitliche Rahmenbedingungen (sog. Deadlines)

Wenn folgende Voraussetzungen im Bereich «Projektidee / Projektumfeld» erfüllt sind, stehen die Zeichen für einen Projekterfolg günstig und kann das Projektteam seine Fähigkeiten entfalten:

- Der Auftraggeber setzt sich für das Gelingen des Projekts ein.
- Promotoren und Sponsoren unterstützen das Projekt aktiv.
- Vom Projekt direkt oder indirekt Betroffene werden aktiv miteinbezogen, zielgerichtet informiert und engagieren sich folglich auch dafür.
- Es wird ein aktives Stakeholdermanagement betrieben.

Zusammenfassung

Typische **Merkmale** von Projekten sind:

- Zeitlich befristet (klarer Anfang und klares Ende)
- Komplexität (vielschichtig)
- Einmaligkeit
- Begrenzte Ressourcen
- Innovativ (Neuigkeitswert)
- Risikobehaftet

Als typische Einteilungskriterien für **Projektarten** werden folgende herangezogen:

- Projektinhalt
- Grösse und Umfang
- Komplexität
- Laufzeit
- Bedeutung für das Unternehmen
- Reichweite
- Stellung des Kunden bzw. Auftraggebers

Das Ziel des Projektmanagements ist, den Projekterfolg durch die bewusste Gestaltung und Lenkung des Projektverlaufs zu gewährleisten.

Als **Erfolgsfaktoren** für Projekte gelten:

- Projektleiter
- Topmanagement
- Projektteam
- Methodik
- Kommunikation
- Information
- Projektidee / Projektumfeld

Repetitionsfragen

1   Nachfolgend finden Sie vier Aussagen zu Projekterfahrungen. Nennen Sie den Erfolgsfaktor, der jeweils angesprochen wird.

A] «Ich stelle immer wieder fest, dass in unserem Unternehmen auch aufwendige Projekte viel zu wenig systematisch angegangen werden.»

B] «Es ist wie bei so vielen anderen Vorhaben: Das Wir-Gefühl ist ein entscheidender Faktor für das Gelingen eines Projekts.»

C] «Jedes Projekt braucht Promotoren, die es aktiv unterstützen.»

D] «In vielen Projekten kümmert man sich viel zu stark um die Systematik und viel zu wenig darum, wie man die Betroffenen zu Beteiligten macht.»

2   Handelt es sich bei den folgenden Vorhaben um ein Projekt? Begründen Sie Ihre Antwort in Stichworten.

A] Kongress eines Berufsverbands (zum 100-jährigen Jubiläum)

B] Umbau des Einfamilienhauses Meisenweg 12

C] Aufbau eines MIS (Management-Informationssystems)

D] Jahresplanung der Logistikabteilung

E] Reorganisation des Verkaufs-Aussendiensts

3   Welche besondere Rolle spielen begrenzte Ressourcen bei der Projektarbeit?

2 Vorgehensmethodik

Lernziele	Nach der Bearbeitung dieses Kapitels können Sie ...

- ein einfaches Projekt in sinnvolle Teilschritte (Phasen) gliedern.
- die sechs Teilschritte des Planungszyklus beschreiben.
- Einsatzmöglichkeiten der Projektmanagement-Tools in der Projektarbeit nennen.

Schlüsselbegriffe	Analyse, Auftrag, Auswahl, Basis-Phasenkonzept, Bewertung, Detailkonzept, Einführung, Erhaltung, Erhebung, Grobkonzept, Kanbansysteme, Kollaborationstools, Lösungssuche, Planung, Planungszyklus, Projektmanagement-Tools, Realisierung, Vorgehensmethodik, Vorstudie, Würdigung, Zielrevision

Bei der Projektinitialisierung muss sich der Projektleiter überlegen, welches das angemessene methodische Vorgehen im betreffenden Projekt ist. Ein solches methodisches Vorgehen strebt die folgenden Ziele an:

- Einheitliches Vorgehen
- Transparenz für die Entscheidenden und das Projektteam
- Klare Meilensteine für Entscheidungen (Entscheidungspunkte)
- Unterstützung des Projektleiters bei der Projektplanung und -steuerung
- Überblick bewahren trotz Detailarbeit

2.1 Basis-Phasenkonzept

In der Projektmanagementpraxis existiert eine Vielfalt an Vorgehenskonzepten, die aufzeigen, wie sich Projekte sinnvollerweise in verschiedene Phasen gliedern lassen. Dabei gelten meist dieselben Grundsätze, nämlich:

- Top down (vom Groben ins Detail)
- Phasenweises Vorgehen
- Bewusstes Trennen der Planung, Realisierung, Einführung und Erhaltung

Das nachfolgende Basis-Phasenkonzept besteht aus insgesamt sechs Phasen: Vorstudie, Grobkonzept, Detailkonzept, Realisierung, Einführung und Erhaltung. Wir verwenden es, weil es allgemein, d. h. für viele verschiedene Arten von Projekten, anwendbar ist. Nebst diesem gibt es zahlreiche andere Vorgehensmodelle, die in der Praxis genauso ihren Zweck erfüllen.

Je nach Projektgrösse und -komplexität können einzelne Phasen des Basis-Phasenkonzepts auch zusammengelegt oder ganz weggelassen werden.

Abb. [2-1] Basis-Phasenkonzept

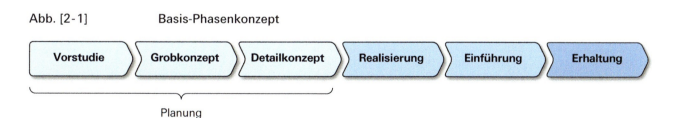

Die ersten drei Phasen gehören zur Planung, nämlich die Vorstudie, das Grob- und das Detailkonzept. In den einzelnen Planungsphasen, die mit zunehmendem Projektfortschritt detaillierter ausfallen, werden jeweils mehrere Lösungsvarianten ausgearbeitet. Eine solche Planungsphase endet gewöhnlich mit dem Entscheid für eine Variante, die nachher weiter ausgearbeitet wird. Sobald ein ausführungsreifes Konzept vorliegt, ist die Planung abgeschlossen.

Die Realisierung ist die Umsetzungsphase des Konzepts, sodass die fertige Lösung in der Phase der Einführung den späteren Nutzern übergeben werden kann.

Die letzte Phase des Basis-Phasenkonzepts betrifft die Erhaltung der eingeführten Lösung, d. h. die laufende Qualitätssicherung.

2.1.1 Ziele und Ergebnisse

Abb. 2-2 zeigt die Ziele und typischen Ergebnisse der sechs Projektphasen.

Abb. [2-2]   Ziele und Ergebnisse der sechs Projektphasen

Phase	Ziel	Typische Ergebnisse	Bemerkungen
Vorstudie	Gibt es wirtschaftlich, sozial und politisch vertretbare Lösungsvarianten?	• Projektabgrenzung • Schnittstellen • Problemkatalog • Zielsystem • Lösungsvarianten • Wirtschaftlichkeitsanalyse • Vorgehensplanung • Aktualisierter Projektvertrag	Grundsätzlich wird in dieser Phase entschieden, ob das Projekt überhaupt durchgeführt werden soll.
Grobkonzept	Globales Lösungskonzept auf Basis der gewählten Vorstudienvariante	• Konkretisierte Ziele • Zerlegung des Projekts in abgrenzbare Projekte (Unter- oder Teilsysteme) • Prioritäten für die Projekte • Globale Lösungen für die Projekte • Schnittstellen zwischen den Projekten	Bei Informatikprojekten wird in dieser Phase, spätestens aber im Detailkonzept, das Pflichtenheft erstellt und die Evaluation durchgeführt.
Detailkonzept	Vollständige und ausführungsreife Pläne aller Teilsysteme (Teilprojekte)	• Verfeinerte Pläne für alle Lösungskomponenten • Einführungsstrategie • Definitives Budget • Aktualisierter Projektvertrag	Das Detailkonzept sollte vollständig fertig sein, bevor mit der Realisierung begonnen werden kann. Ausnahme: Projekte können separat realisiert werden.
Realisierung	Schlüsselfertiges System bzw. einzuführende Lösung	• Umgesetzte Pläne • Testberichte • Dokumentation	Vor allem bei Informatikprojekten kommt dem Test eine starke Bedeutung zu.
Einführung	Übergabe an die Benutzer	• Durchgeführte Schulung bzw. Informationsveranstaltung • Eingerichtete Hotline • Erfolgskontrolle	Je nach Einführungsstrategie ist für die betroffenen Benutzer ein beträchtlicher Zusatzaufwand einzuplanen.
Erhaltung	System bzw. Lösung am Leben erhalten	• Erfolgskontrolle • Nachschulungen • Fehlerkorrekturen • Systemanpassungen	Für Erweiterungen oder grössere Modifikationen ist ein neues Projekt zu beantragen.

2.1.2 Aufgaben

Abb. 2-3 enthält typische Aufgaben, die in den sechs Projektphasen anfallen. Diese werden am Beispiel des Projekts «Umbau Büroräume» skizziert.

Abb. [2-3]   Aufgaben in den sechs Projektphasen

Phase	Typische Aufgaben	Beispiele Umbauprojekt
Vorstudie	• Informationen erheben und analysieren. • Situation modellieren. • Projekt abgrenzen. • Zielverfeinerung (auf der Basis von Stärken und Schwächen, Chancen und Risiken). • Wichtigste Funktionen der Lösung ermitteln (was muss, soll sie leisten können?). • Grobe Lösungsvarianten bzw. prinzipielle Lösungsrichtungen entwerfen. • Realisierbarkeit prüfen (machbar, durchsetzbar, sozial verträglich, wirtschaftlich sinnvoll?). • Bewertung durchführen. • Empfehlung erarbeiten. • Entscheidungspräsentation vorbereiten und durchführen.	• Ziele des Bauherrn konkretisieren. • Restriktionen vervollständigen. • Lösungsskizzen (Grobvarianten) entwerfen. • ...
Grobkonzept	• Verfeinerung der modellierten Situation. • Fachliche Benutzeranforderungen ermitteln (im grösstmöglichen Detaillierungsgrad). • Qualitätsanforderungen ermitteln und detailliert beschreiben. • Globale Lösungsvarianten für die abgegrenzten Projekte erarbeiten. • Lösungsvarianten (Kosten / Nutzen) bewerten. • Empfehlungen für eine Lösungsvariante erarbeiten. • Technische Realisierbarkeit prüfen.	• Varianten für die Büroaufteilung erarbeiten. • Varianten für die Eingliederung und Nutzung der gemeinsamen Aufenthaltsräume (Kaffeeraum, Sitzungszimmer, Eingangsbereich usw.) erarbeiten. • ...
Detailkonzept	• Zusätzliche Informationen bedarfsgerecht erheben und analysieren. • Funktionale Anforderungen und Ziele vervollständigen. • Ausführungsreife Pläne erstellen. • Quantitative und qualitative Bedarfsermittlung (Finanzen, Personal, Raum und sonstige Sachmittel). • Pflichtenhefte / Anforderungskataloge ausarbeiten. • Ausschreibungsunterlagen erstellen. • Angebote einholen und bewerten. • Einführung planen. • Entscheidungsreife Vorlagen für die Realisierung erarbeiten.	• Varianten für Bodenbelags-, Farb- und Beleuchtungskonzept für die Räumlichkeiten erarbeiten. • Ausschreibung der Elektro- und Sanitärarbeiten. • ...
Realisierung	• Pläne in arbeitsfähige Lösungen umsetzen. • Vergabe und Überwachung von Fremdaufträgen. • Bauliche Massnahmen ausführen. • Installation notwendiger Sachmittel. • Tests. • Abschluss der Projektdokumentation. • Benutzerdokumentation fertigstellen. • Erhaltungskonzept erstellen. • Einführungsvorbereitung abschliessen.	• Bauarbeiten ausführen gemäss Plänen. • Installationsarbeiten ausführen. • Möblierung der Räumlichkeiten. • ...
Einführung	• Information der indirekt Betroffenen. • Information und Schulung der direkt Betroffenen. • Unterstützung der Anwender in der Anfangsphase. • Störungsfreies Funktionieren sicherstellen (Stabilisierung der Lösung). • Entscheidung für die Nutzungsfreigabe vorbereiten.	• Bauabnahme • Einweihungs-/Informationsveranstaltung für die Benutzer • Instruktion der Hausverwaltung • ...
Erhaltung	• Überwachen der Funktionsfähigkeit der Lösung. • Korrektur aufgetretener Fehler. • Schlussbericht erstellen. • Decharge einholen. • Projektorganisation auflösen. • Formelle Nutzungsfreigabe durchführen.	• Funktionsfähigkeit des Sicherheitssystems prüfen. • Baumängel beheben. • Anpassungsbedarf bei der Möblierung prüfen. • ...

2.2 Vorgehen in den Planungsphasen (Planungszyklus)

Das Vorgehen in den einzelnen Planungsphasen besteht aus den sechs Schritten gemäss Abb. 2-4. Pro Phase werden diese mindestens einmal durchlaufen, um das jeweilige Phasenziel zu erreichen.

Abb. [2-4]   Planungszyklus

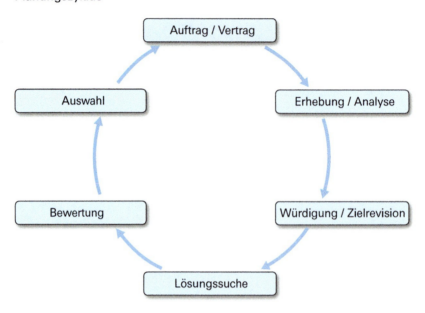

2.2.1 Auftrag / Vertrag

Dieser Schritt ist der zwingende Beginn jeder neuen Phase. Zwischen Auftraggeber und Auftragnehmer werden **verbindliche Vereinbarungen** getroffen, wie z. B. Zielsetzung, Termine, Budget usw. Eine **Überarbeitung des Vertrags** bzw. Auftrags wird bei erheblicher Änderung von Zielen, Budget oder auch Terminen notwendig, wobei jede Vertragsversion vom Auftraggeber zu visieren ist.

2.2.2 Erhebung / Analyse

Gemäss Auftrag werden die **relevanten Informationen** für die Erhebung und Analyse des Ist-Zustands **gesammelt** und **geordnet**. Tiefe und Dauer dieses Teilschritts hängen vom Detaillierungsgrad der aktuellen Phase ab. Wichtig ist, dass die Informationen wohl geordnet und strukturiert, jedoch **nicht bewertet** werden. Für diese Phase stehen verschiedene Erhebungstechniken zur Verfügung, wie z. B. Interview, Fragebogen, Beobachtungen usw.

2.2.3 Würdigung / Zielrevision

Die Würdigung dient dazu, den im vorherigen Schritt erhobenen Ist-Zustand kritisch zu beurteilen. Dabei stehen die **Stärken und Schwächen** (gegenwartsbezogene Beurteilung) sowie die **Chancen und Risiken** (zukunftsbezogene Beurteilung) im Vordergrund. Mit der Würdigung wird die Basis gelegt, um bei der Bearbeitung von Lösungsvarianten

- Stärken zu erhalten,
- Chancen zu nutzen,
- Schwächen zu eliminieren und
- Risiken zu vermeiden.

Die Beurteilung kann unter Umständen zu einer **Überarbeitung der Ziele** führen. In einem solchen Fall ist ein revidierter Auftrag / Vertrag zur Genehmigung vorzulegen.

2.2.4 Lösungssuche

Die Lösungssuche besteht aus zwei Teilaufgaben:

- Der Konzeptentwurf beinhaltet das Sammeln möglicher Lösungen. In der Vorstudie sollte der Ist-Zustand (als sog. Nullvariante bzw. Null-Plus-Variante) grundsätzlich auch eine mögliche Lösungsvariante sein.
- In der Konzeptanalyse werden die im Konzeptentwurf gesammelten Lösungsvarianten gewürdigt. Es geht darum, jene Lösungsvarianten auszuschalten, die mit den vorgegebenen Zielen nicht in Einklang gebracht werden können, Muss-Ziele oder gar Restriktionen verletzen.

2.2.5 Bewertung

Diejenigen Varianten, welche die Muss-Ziele und Restriktionen einhalten, werden beurteilt und miteinander verglichen. Dabei steht vielfach der Zielerreichungsgrad im Zentrum der Bewertung. Der Auftraggeber bzw. das Entscheidungsgremium erwartet als Ergebnis einen Vorschlag für eine weiterzuverfolgende Variante.

2.2.6 Auswahl

Hier fällt der definitive Entscheid für eine der ausgearbeiteten Varianten. Der Entscheid wird grundsätzlich nicht vom Projektteam, sondern vom Auftraggeber oder vom Entscheidungsgremium getroffen.

2.3 Projektmanagement-Tools einsetzen

Ein professionelles Projektmanagement ohne Software-Unterstützung zu betreiben, ist heute für viele unvorstellbar. So gibt es denn auch eine Vielzahl von Applikationen auf dem Markt, die sowohl die Planungs- und Steuerungsaufgaben des Projektleiters als auch die Zusammenarbeit im Projektteam vereinfachen. In Abb. 2-5 sind solche Einsatzmöglichkeiten der Projektmanagement-Tools in Einzelprojekten aufgeführt.

Abb. [2-5] Projektmanagement-Tools

Aufgabe	Einsatzmöglichkeiten der Tools
Projektplanung	- Projektstrukturierung und Aufgabenplanung - Terminplanung (Netzplan und Balkendiagramme) - Ressourcenplanung - Kostenplanung
Projektcontrolling	- Projektfortschrittskontrolle - Soll-Ist-Analysen (Termine, Ressourcen, Kosten) - Risikomanagement: Risikoanalysen und -bewertungen - Änderungsmanagement: Erfassen und Bearbeiten projektrelevanter Änderungsanträge - Issue Management: Erheben und Verfolgen offener oder strittiger Punkte im Projekt (sog. Issues)
Projekt-dokumentation	- Arbeitsunterlagen des Projektteams (Protokolle, Berichte usw.) - Projektdokumentation (Projektauftrag, Detailkonzepte usw.) - Kommunikationsunterlagen (Mitteilungen, Presseberichte usw.)

Die angestammten Projektmanagement-Tools wurden in den letzten Jahren durch zahlreiche Kollaborationstools für die laufende Zusammenarbeit und den Datenaustausch im Projektteam ergänzt. In den meisten Fällen arbeitet ein Projektteam nicht vor Ort zusammen, sondern in verschiedenen Räumen oder Standorten verteilt. Kollaborationstools unterstützen solche verteilten Arbeitsformen wirkungsvoll.

Der althergebrachte «Projektordner» im Zimmer des Projektleiters, der immer die aktuellen Dokumente enthält, ist längst abgelöst worden durch IT-gestützte Projektplattformen. Diese ermöglichen den Projektmitarbeitenden,

- gleichzeitig an Dokumenten zu arbeiten, gegenseitig zu kommentieren oder auszutauschen, ohne sich um die Versionierung kümmern zu müssen,
- alle Beteiligten auf dem aktuellen Stand der Entwicklung zu halten und
- einander zur Erledigung noch offener Aktivitäten einzuladen oder daran zu erinnern.

Besonders zu erwähnen sind in diesem Zusammenhang die sog. Kanbansysteme, die es den Projektmitarbeitenden ermöglichen, ihre eigenen Projektaufgaben selbst zu organisieren und gleichzeitig den eigenen Fortschritt sowie jener der anderen Teammitglieder auf dem Kanbanboard aktiv zu verfolgen.

Wer bestimmte Tools für das Projektmanagement einsetzen möchte, muss zunächst ein Projektmanagementsystem einrichten. Wie bei anderen Software-Entscheiden ist es unumgänglich, sich über den Verwendungszweck im Klaren zu sein und einen detaillierten Anforderungskatalog als Basis für die Evaluation zu verwenden.

Allerdings entbindet auch die beste Projektmanagementplattform keinen Projektbeteiligten davon, sich an eine klare, methodisch abgesicherte Vorgehensweise im Projekt zu halten.

Zusammenfassung

Das methodische Vorgehen in der Projektplanung bezweckt:

- Einheitlichkeit
- Transparenz
- Klare Entscheidungsgrundlagen
- Planungs- und Steuerungshilfe
- Übersicht

Das Basis-Phasenkonzept besteht aus sechs Phasen:

Vorstudie ⟩ Grobkonzept ⟩ Detailkonzept ⟩ Realisierung ⟩ Einführung ⟩ Erhaltung

Planung (umfasst Vorstudie, Grobkonzept, Detailkonzept)

- Vorstudie, Grobkonzept und Detailkonzept gehören zur Planung, mit deren Abschluss ein ausführungsreifes Konzept vorliegen muss.
- Mit der Realisierung erfolgt die Umsetzung des verabschiedeten Konzepts.
- Die Einführung ist die Übergabe der Lösung bzw. des Systems an die Benutzer.
- Die laufende Qualitätssicherung der Lösung bzw. des Systems erfolgt in der letzten Phase, der Erhaltung.

Innerhalb der einzelnen Planungsphasen kommt der **Planungszyklus** zur Anwendung:

Schritt	Aktivitäten
Auftrag / Vertrag	Verbindliche Vereinbarungen, bei Änderungen Vertrag überarbeiten
Erhebung / Analyse	Sammeln und Ordnen relevanter Informationen
Würdigung / Zielrevision	Stärken / Schwächen sowie Chancen / Risiken beurteilen, evtl. Überarbeitung der Ziele
Lösungssuche	Lösungen sammeln (Konzeptentwurf) und Lösungsvarianten würdigen (Konzeptanalyse)
Bewertung	Lösungsvarianten vergleichen und beurteilen, weiterzuverfolgende Variante vorschlagen
Auswahl	Definitiver Entscheid über zu verfolgende Lösung durch Auftraggeber oder Entscheidungsgremium

Zahlreiche **Projektmanagement-Tools** vereinfachen die Projektplanung und -steuerung. Für die laufende Zusammenarbeit und den Datenaustausch im Projektteam werden heute spezielle **Kollaborationstools** und **Kanbansysteme** als IT-gestützte Plattformen genutzt.

Repetitionsfragen

4 Welche dieser typischen Aufgaben gehören zu welcher Planungsphase im Phasenkonzept?

Vorstudie	Grobkonzept	Detailkonzept	Aufgabe
☐	☐	☐	Bedürfnisabklärung bei Stakeholdern durchführen.
☐	☐	☐	Projektabgrenzung vervollständigen.
☐	☐	☐	Qualitätsanforderungen detailliert beschreiben.
☐	☐	☐	Ausschreibungsunterlagen (Pflichtenhefte) erstellen.
☐	☐	☐	Machbarkeit von Lösungsvarianten prüfen.
☐	☐	☐	Einführung planen.

5 Erklären Sie einem Aussenstehenden in wenigen Sätzen den Unterschied zwischen dem Phasenkonzept und dem Planungszyklus.

6 Drei Projektleiterinnen tauschen ihre ersten Erfahrungen aus. Welchen Zweck der Vorgehensmethodik sprechen sie jeweils an?

A] Audrey: «Immer wieder kommt es bei uns zu Grundsatzdiskussionen, ob man nun ein 3-Phasen- oder ein 6-Phasen-Modell einsetzen muss. Ich finde, man sollte nicht ein Modell für alle Projekte vorschreiben, sondern dieses projektbezogen festlegen können.»

B] Bettina: «Ich bin ganz deiner Meinung, denn die Hauptsache ist: Der Auftraggeber, das Entscheidungsgremium und ich als Projektleiterin sind uns einig darüber, wann was zu entscheiden ist.»

C] Charlotte: «Mein letztes Projekt kam mir wie ein Hochseilakt vor, unter anderem, weil ich die Vorgehensmethodik nicht konsequent angewendet habe.»

Teil B
Projekte initialisieren

Einstieg

Der Marketingleiter bringt an der Geschäftsleitungssitzung seine Projektidee vor: «Heutzutage ist ein integriertes CRM-System (Kundenbeziehungsmanagement-Software) das A und O eines professionellen Kundenmarketings! Wir müssen die Kundendaten viel systematischer pflegen, um die Kundenbearbeitungsprozesse nachhaltig zu verbessern. Ich bin mir bewusst, dass derzeit keine grösseren Investitionen drin liegen, doch könnten wir mit der Verringerung von Leerläufen bestimmt sehr rasch die Ausgaben für ein CRM-System wettmachen! Nach meinen ersten Erkundigungen würde ein solches kaum mehr als 50 000 Franken kosten. Natürlich wäre ich bereit, in einem solchen Projekt massgeblich mitzuwirken …»

Von einer ausgefeilten Projektidee oder gar einem Projektantrag kann hier nicht die Rede sein. Dafür sind die Angaben des Marketingleiters viel zu vage: Welche Probleme gibt es beim heutigen Kundendatenmanagement? Welchen besonderen Nutzen und welche Produktivitätssteigerung soll ein modernes CRM-System bringen? Dies sind nur zwei wichtige Fragen, die sich aufdrängen. Darum sind zunächst noch einige «Hausaufgaben» zu erledigen, bevor die Projektidee des Marketingleiters seriös geprüft werden kann.

Trotzdem werden immer wieder Projekte auf sehr vagen Grundlagen gestartet. Eine «tolle» Projektidee oder der Druck, endlich einen längst bekannten Missstand zu beseitigen, verleiten dazu, die gründliche Projektvorbereitung zu vernachlässigen. Es gibt viele Gründe dafür: Man unterschätzt die Tragweite mangelhafter Vorabklärungen. Da die Zeit drängt, will man möglichst rasch vorankommen bei der Problemlösung. Ungeachtet der negativen Erfahrungen mit «versandeten» Projekten wird missachtet, dass zu einem seriösen Projektauftrag mehr gehört als: «Bitte übernehmen Sie die Projektleitung – Sie sind die richtige Person dafür!»

Versäumnisse in der Projektvorbereitung rächen sich vielfach im weiteren Projektverlauf und ziehen oft auch gravierende zeitliche und / oder finanzielle Auswirkungen nach sich. Mit anderen Worten: Eine professionelle Projektvorbereitung trägt massgeblich zur Sicherung des Projekterfolgs bei.

In diesem Teil lernen Sie die wichtigsten Aufgaben im Zusammenhang mit der Projektinitialisierung kennen:

- Im Kapitel 3 die Vorgehensschritte im Projektinitialisierungsprozess von der Projektidee bis zur Projektfreigabe. Damit werden die Voraussetzungen für eine Erfolg versprechende Projektabwicklung geschaffen.
- Im Kapitel 4 die Definition von Projektzielen, die ein zentrales Koordinations-, Steuerungs-, Motivations- und Kontrollinstrument während des gesamten Projektverlaufs sind.
- Im Kapitel 5 das Stakeholdermanagement, das sämtliche Phasen eines Projekts begleitet und den Projekterfolg nachhaltig beeinflusst.
- Im Kapitel 6 die grundsätzlichen Anforderungen an eine professionelle Projektinformation und -dokumentation.
- Im Kapitel 7 einige zentrale Fragestellungen der Projektorganisation, die für stabile Rahmenbedingungen in der Projektplanung und -steuerung sorgt.

3 Projektinitialisierung

Lernziele Nach der Bearbeitung dieses Kapitels können Sie …

- anhand von Beispielen die Teilschritte des Projektinitialisierungsprozesses bestimmen.
- die Anforderungen an einen vollständigen und klaren Projektantrag nennen.
- einen Projektauftrag auf Klarheit und Vollständigkeit hin prüfen.

Schlüsselbegriffe Antragsprüfung, Antragsteller, Auftraggeber, Bewilligungsgremium, Entscheid, Kick-off-Meeting, Organisation Antragsverfahren, Projektantrag, Projektauftrag, Projektfreigabe, Projektidee, Projektportfolio, Projektservicestelle

Die Projektarbeit verursacht einen beträchtlichen Zusatzaufwand zu den alltäglichen Linienaufgaben. Die Ressourcen zur Bewältigung solcher Sonderaufgaben sind begrenzt. Es liegt auf der Hand, dass ein Unternehmen deshalb seine Kräfte auf die wirklich wichtigen Projekte konzentrieren muss und von vornherein Projekte vermeiden sollte, die keinen oder nur einen geringen Nutzen stiften.

Eine umsichtige und systematische Projektinitialisierung hilft, die Frage nach den wichtigen Projekten angemessen und kompetent zu beantworten. Abb. 3-1 gibt einen Überblick über diesen Initialisierungsprozess, auf den wir nachfolgend eingehen.

Abb. [3-1] Projektinitialisierungsprozess

Projektidee › Projektantrag › Antragsprüfung › Entscheid › Projektauftrag › Projektfreigabe

3.1 Projektidee

Projektideen entstehen aus den unterschiedlichsten Situationen heraus und lassen sich grundsätzlich in zwei Arten unterscheiden:

- Reaktive Projektideen entstehen als Reaktion auf einen – meist als unbefriedigend wahrgenommenen – Zustand und streben eine Verbesserung an.
- Visionäre Projektideen entstehen aus neuen Chancen, die sich für das Unternehmen derzeit bieten.

Mehrere Untersuchungen haben gezeigt, dass sich Unternehmen, die visionäre Projektideen fördern, erfolgreicher behaupten als solche, die sich vorwiegend auf reaktive Projektideen konzentrieren.

Beispiel

Reaktive Projektideen
- Die Kunden reklamieren seit einiger Zeit über unverhältnismässig lange Lieferzeiten.
- Einige Benutzer einer Software-Applikation beklagen sich über deren schlechte Benutzerführung.

Visionäre Projektideen
- Eine Verkaufsmitarbeiterin überlegt sich ein neuartiges Dienstleistungsangebot, um neue Kundengruppen zu gewinnen.
- Aus der neuen Unternehmensstrategie ergeben sich Expansionsmöglichkeiten für verschiedene Produktbereiche.

3.2 Projektantrag

Projektideen müssen für die weiteren Abklärungen aufbereitet werden, unabhängig davon, woher sie stammen. In der Praxis hat sich hierfür der Projektantrag bewährt.

3.2.1 Inhalt eines Projektantrags

Eine **einheitliche Form** des Projektantrags erleichtert es, **Projektideen miteinander zu vergleichen** und vorschnelle oder einseitige Entscheide zu vermeiden. Grundsätzlich sollte ein Projektantrag sämtliche Informationen enthalten, die zu diesem Zeitpunkt bereits vorliegen. Dies vereinfacht die Antragsprüfung und den Entscheid des «Go / No-Go» (das Projekt zu starten oder abzulehnen).

Der Projektantrag enthält zumindest grobe Angaben zu den Inhalten gemäss Abb. 3-2. Je nach Gegebenheiten können die Vorgaben für einen Projektantrag aber auch wesentlich umfangreicher sein.

Abb. [3-2]   Inhalt eines Projektantrags

Inhalt	Erklärungen	Beispiel Umbauprojekt
Ausgangslage	• Aktuelle Situation als Ausgangslage • Handlungsbedarf, der aktuell besteht	Die Anzahl der Mitarbeitenden am Standort Zürich hat sich in den letzten 15 Jahren um ca. 20% erhöht. Es besteht ein dringender Handlungsbedarf, die nutzbare Bürofläche entsprechend zu erweitern.
Probleme	• Aktuelle Probleme und deren Folgen • «Verpasste» Chancen, wenn nichts geschieht	Die einengenden Raumverhältnisse führen zu folgenden Problemen: • Ergonomische Ausgestaltung der Büroarbeitsplätze entspricht nicht mehr dem heutigen Standard. • Vermehrte Absenzen wegen körperlicher Beschwerden. • Wachsende Unzufriedenheit der Mitarbeitenden mit der Bürosituation. • Höhere Fluktuation zumindest teilweise auf die bemängelte Bürosituation zurückführbar.
Lösungsideen	Erste Ideen zur Problemlösung	• Umbau aktuell nicht mehr genutzter ehemaliger Lagerfläche in den OG 1 und 2. • Aufwendiger wäre die Aufstockung des Dachgeschosses zur Nutzung als Büro- und Sitzungsräume.
Nutzen / Ziele	• Erwarteter Nutzen durch die Problemlösung • Grobziele für das Projekt	• Geringere Fluktuation • Weniger arbeitsplatzbedingte Absenzen • Höhere Mitarbeiterzufriedenheit • Grössere Arbeitseffizienz
Wirtschaftlichkeit	Erste Überlegungen zum Nutzen und zu den Kosten des Projekts	• Voraussichtliche Umbau-Investitionen: rund CHF 500 000.00–1 300 000.00. • Jeder Mitarbeiter, der die Firma verlässt, kostet uns etwa CHF 100 000.00 (exkl. Know-how-Verlust). • Durch mehr Arbeitseffizienz und weniger Absenzen liesse sich die Anzahl benötigter Stellen reduzieren.
Realisierungs-zeitraum	Grobschätzung der Projektdauer	• Umbau ohne Anbau (wie vorgesehen): max. 6 Monate • Umbau mit zusätzlichem Ausbau Dachgeschoss: max. 10 Monate

Die aktuelle Situation bildet die **Ausgangslage** für die im Projektantrag enthaltenen Überlegungen. Da der Projektantrag in gewisser Weise auch ein Verkaufsdokument ist, empfiehlt es sich, die Ausgangslage so zu beschreiben, dass ein **Handlungsbedarf klar zu erkennen** ist.

Aus der Ausgangslage ergeben sich die damit verbundenen Probleme und Folgen, z. B. für eine bestimmte Benutzergruppe oder für das Gesamtunternehmen. Bei visionären Projektanträgen werden die sich bietenden bzw. die ansonsten «verpassten» Chancen anstelle der Probleme beschrieben.

Im Projektantrag werden noch keine ausgefeilten Lösungsvorschläge erwartet. Vielmehr sollen die Empfänger des Antrags erkennen, dass bereits erste Lösungsideen für die aktuelle Situation und das vorhandene Problem bestehen. Es ist aber auch zulässig, diesen Punkt im Antrag offenzulassen, falls noch keine Lösungsideen vorhanden sind.

Selbstverständlich hat ein Projektantrag bessere Chancen, bewilligt zu werden, wenn es gelingt, den Nutzen für das Unternehmen nachvollziehbar aufzuzeigen. Dieser Nutzen kann auch eine wichtige Informationsquelle für die anzustrebenden Projektziele sein. Im Projektantrag werden noch keine allzu konkreten, detaillierten Zielkataloge erwartet, sondern – wie bei der Lösungsidee – erste mögliche Grobziele.

Am schwierigsten aufzubereiten sind die Wirtschaftlichkeitsüberlegungen, denn auf welcher Basis soll man zu diesem frühen Zeitpunkt bereits den Nutzen quantifizieren und die mit dem Projekt verbundenen Kosten belegen? In manchen Unternehmen ist die Wirtschaftlichkeit dennoch ein massgebliches Beurteilungskriterium für Projektideen. Dann ist man gezwungen, grobe Schätzungen zu machen und gut nachvollziehbare Annahmen zu treffen. Vielfach ist auch erlaubt, die Wirtschaftlichkeitsüberlegungen zum Antragszeitpunkt noch offenzulassen.

Auch der Realisierungszeitraum ist zum Zeitpunkt des Projektantrags meist nicht klar abzuschätzen, da er von vielen weiteren, ebenfalls noch unsicheren Punkten abhängt. Dennoch sollte der Antrag eine genauere Aussage im folgenden Sinn enthalten: Ist für dieses Projekt mit einem Realisierungszeitraum von ein paar Wochen, von mehreren Monaten oder sogar von mehreren Jahren zu rechnen?

3.2.2 Organisation des Antragsverfahrens

In vielen Unternehmen ist das Projektantragsverfahren klar geregelt. Es handelt sich dabei um ein Zusammenspiel des Auftraggebers / Antragstellers, des Projekt-Bewilligungsgremiums und der Projektservicestelle.

A] Auftraggeber / Antragsteller

Auftraggeber und somit auch Antragsteller für Projekte können sein:

- Mitarbeitende oder Leitende von Fachabteilungen
- Geschäftsleitung
- Organisationsabteilung
- Spezialisten

Alle Projektanträge werden an die zuständige Projektservicestelle weitergeleitet.

B] Projekt-Bewilligungsgremium

Dieses Gremium trägt in der Praxis die unterschiedlichsten Namen, wie z. B. Projektausschuss oder Steuerungsausschuss. In kleinen und mittleren Unternehmen ist das Bewilligungsgremium meistens identisch mit der Geschäftsleitung. In grösseren Unternehmen setzt es sich aus leitenden Mitarbeitenden wichtiger Unternehmensbereiche zusammen und ist zeitlich unbefristet eingerichtet.

C] Projektservicestelle

Manche Initianten sind überfordert, einen Projektantrag nach den formalen Anforderungen richtig und vollständig auszufüllen. Gerade bei visionären Ideen besteht die Gefahr, dass der Projektantrag eine zu hohe Hürde darstellt und die Projektidee folglich wieder fallen gelassen wird. Dies schwächt die Innovationskraft des Unternehmens unnötigerweise. In solchen Fällen kann eine Projektservicestelle helfen, die sämtliche Projektanträge verwaltet und bei der Initialisierung unterstützt, etwa mit Zeit- und Aufwandschätzungen oder der Beurteilung von Dringlichkeit und Wichtigkeit. Über kleinere Vorhaben kann sie allenfalls auch selbst entscheiden.

3.3 Antragsprüfung

Die eingereichten Projektanträge werden vom Bewilligungsgremium oder in dessen Auftrag näher geprüft. Gegebenenfalls sind weitere Abklärungen oder zusätzliche Informationen notwendig.

Für eine möglichst «objektive» Antragsprüfung empfiehlt sich, dass alle Unternehmensbereiche vertreten sind und die nachfolgenden acht Schlüsselfragen geklärt werden.

1. Ist das beantragte Vorhaben ein Projekt?

Um zu beurteilen, ob es sinnvoll ist, das im Projektantrag skizzierte Vorhaben als Projekt zu bearbeiten, werden die typischen Merkmale für Projekte herangezogen (s. Kap. 1.1, S. 11). Eine weitere Prüfung des Projektantrags wird überflüssig, wenn hier gegen ein Projekt entschieden wird. Die Idee muss jedoch nicht in den Papierkorb wandern; sie wird lediglich nicht in Form eines Projekts weiterverfolgt.

2. Ist das Projekt mit der Unternehmensstrategie vereinbar?

Projekte führen immer zu Veränderungen und müssen daher mit der Unternehmensstrategie vereinbar sein. Nur so gelingt es, die Strategie konsequent umzusetzen. Die Praxiserfahrung zeigt: Viele Projekte hätte man nicht gestartet, hätte man sich ernsthaft die Frage nach ihrer Vereinbarkeit mit der Strategie gestellt.

3. Wie hoch ist das Risiko für einen Misserfolg?

Wenn bereits vor Projektbeginn absehbar ist, dass ein Projekt mit vielen Risiken verbunden ist, sind die Aussichten auf einen tatsächlichen Projekterfolg bestimmt kleiner. Darum ist es angebracht, die Wahrscheinlichkeit eines Misserfolgs zu bedenken.

4. Stehen ausreichend Ressourcen für das Projekt zur Verfügung?

In der Praxis ist die mangelnde Verfügbarkeit von Ressourcen ein Hauptgrund für das Scheitern von Projekten. Es führt meist zu keinem befriedigenden Resultat, wenn man ein Projekt beginnt, ohne dass die benötigten Ressourcen auch tatsächlich eingesetzt werden können.

5. Ist grundsätzlich der Wille vorhanden, eine Veränderung im Sinne des beantragten Projekts zu unterstützen?

Wenn Projekte angestossen werden, ohne dass man zur entsprechenden Veränderung tatsächlich bereit ist, schlafen sie früher oder später ein oder scheitern an vermeintlichen Kleinigkeiten. Das Management muss hinter den Projekten stehen und das Projektteam bei seiner Arbeit aktiv unterstützen.

6. Ist das für das Projekt erforderliche Know-how vorhanden bzw. beschaffbar?

Wenn unternehmensintern zu wenig Know-how für die Projektaufgaben vorhanden ist und auch nicht von aussen eingekauft werden kann, ist ein Projektmisserfolg oftmals vorprogrammiert. Beginnt man das Projekt trotzdem, muss besonderes Augenmerk auf die Know-how-Frage gerichtet werden.

7. Welche wirtschaftlichen Überlegungen hängen mit dem Projekt zusammen?

In vielen Fällen ist es ziemlich aufwendig, die relevanten rechnerischen Grundlagen für die Nutzen- und Kostenüberlegungen eines Projekts zu ermitteln. Sie sind jedoch entscheidend für die Frage, ob es sich lohnt, das betreffende Projekt zu starten.

8. Welche Konsequenzen hat eine Nichtdurchführung des Projekts?

Nicht nur die Folgen der Realisierung eines Projekts beeinflussen die Entscheidung, sondern auch diejenigen einer Nichtrealisierung. Die negativen Auswirkungen eines abgelehnten Projekts können auch ein Argument für das Projekt darstellen.

3.4 Entscheid

Als Hilfsmittel für die Entscheidungsfindung und für die Begründung des Entscheids dient das sog. Projektportfolio. Es enthält alle beantragten und laufenden Projekte.

Nachfolgend werden zwei Projektportfolios beispielhaft dargestellt. Die Projekte P1 bis P5 stehen für fünf Projektanträge und / oder bereits laufende Projekte. Abb. 3-3 zeigt diese fünf Projekte, die auf der horizontalen Achse nach der wirtschaftlichen Bedeutung und auf der vertikalen Achse nach der strategischen Bedeutung beurteilt werden.

Abb. [3-3]   Projektportfolio – Beispiel mit zwei Dimensionen

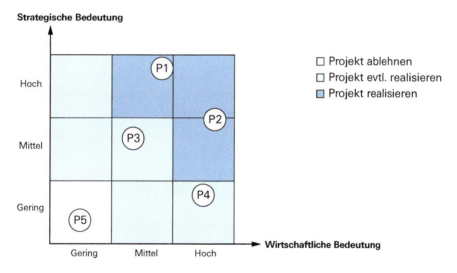

- Die Projekte P1 und P2, die sowohl eine hohe wirtschaftliche als auch strategische Bedeutung haben (Bereich rechts oben), werden durchgeführt.
- Das Projekt P5 ist weder wirtschaftlich noch strategisch bedeutend (Bereich links unten); es wird abgelehnt oder zurückgestellt.
- Die Projekte P3 und P4 liegen dazwischen; sie werden je nach Situation durchgeführt oder ebenfalls zurückgestellt.

Es ist auch möglich, ein drittes Beurteilungskriterium einzubeziehen und es durch die Kreisgrösse abzubilden. In unserem Beispiel in Abb. 3-4 ist es das vorhandene Know-how für das Projekt.

Abb. [3-4]   Projektportfolio – Beispiel mit drei Dimensionen

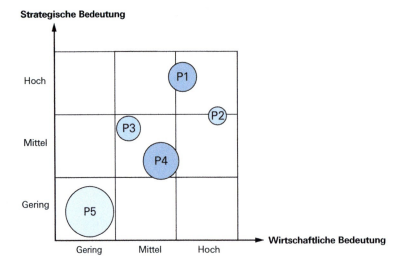

- Das Projekt P1 hat eine hohe wirtschaftliche und strategische Bedeutung und das erforderliche Know-how ist als genügend einzuschätzen. Es sollte deshalb durchgeführt werden.
- Die Projekte P2 und P3 sind ebenfalls wirtschaftlich wie strategisch bedeutsam, aber es fehlt das erforderliche Know-how. Dieses müsste extern beschafft werden, um zielgerichtet und rasch voranzukommen. Ansonsten sind diese Projekte zurückzustellen.
- Das Projekt P4 ist wirtschaftlich und strategisch ausreichend attraktiv positioniert. Weil das erforderliche Know-how vorhanden ist, könnte man es sofort in Angriff nehmen.
- Das Projekt P5 ist weder wirtschaftlich noch strategisch bedeutsam. Darum sollte es abgelehnt werden, obwohl das erforderliche Know-how ausreichend vorhanden ist.

Aufgrund der Antragsprüfung und der Positionierung im Portfolio lässt sich nun entscheiden, ob der vorliegende Projektantrag weiterzuverfolgen ist oder nicht. Bei einem positiven Entscheid folgt die Ausarbeitung eines Projektauftrags.

Hinweis   Die Verwaltung des Projektportfolios wird als Portfoliomanagement bezeichnet. Wir gehen in diesem Lehrmittel darauf nicht näher ein.

3.5 Projektauftrag

Der Auftraggeber ergänzt den Projektantrag mit den zusätzlichen Informationen aus der Antragsprüfung und formuliert den Projektauftrag. Dabei handelt es sich um einen Vertrag und eine einvernehmliche Zielvereinbarung zwischen dem Auftraggeber und dem Projektleiter. Einen möglichst klaren und verbindlichen Projektauftrag zu erhalten, ist demzufolge eine Holschuld des Projektleiters.

3.5.1 Inhalt eines Projektauftrags

Der Projektauftrag dient zusammen mit dem Projektplan als wichtigste Leitplanke für das gesamte Projekt. Dadurch besteht die Möglichkeit, jederzeit zu überprüfen, ob die Projektziele erreicht werden (können).

Der Projektauftrag hat vertraglichen Charakter. Die Inhalte gemäss Abb. 3-5 müssen daher in einem Projektauftrag möglichst genau beschrieben werden.

Beachten Sie in diesem Zusammenhang jedoch die folgenden Einschränkungen:

- Erst die Verbindung von Projektauftrag und Projektplan ermöglicht eine konkrete Einschätzung des Projektstatus.
- Im Verlauf eines Projekts kommt es erfahrungsgemäss immer wieder zu Änderungen. Diese betreffen meistens die Ziele, das Budget oder die Termine und ziehen vielfach auch eine Korrektur des Projektauftrags nach sich.

Abb. [3-5] Inhalt eines Projektauftrags

Inhalt	Erklärungen	Beispiel Umbauprojekt
Ausgangslage	Informationen / Tatbestände, auf denen der Auftrag basiert	Die Anzahl der Mitarbeitenden am Standort Zürich hat sich in den letzten 15 Jahren um ca. 20% erhöht. Es besteht ein dringender Handlungsbedarf, die nutzbare Bürofläche entsprechend zu erweitern.
Zielsetzung(en)	Mit dem Projekt zu erreichende Ziele	• Geringere Fluktuation • Weniger arbeitsplatzbedingte Absenzen • Verbesserung Arbeitsplatzergonomie • Höhere Mitarbeiterzufriedenheit • Grössere Arbeitseffizienz
Restriktionen	Zwingend einzuhaltende interne und externe Vorgaben (Rahmenbedingungen, Einschränkungen)	• Vor Kurzem eingeführte Verkaufsadministrationsprozesse dürfen vom Umbauprojekt nicht tangiert sein. • Alle Büroarbeitsplätze müssen die aktuell gültigen ergonomischen Richtlinien erfüllen.
Projektabgrenzung	Komponenten, die zum Projekt gehören bzw. die explizit nicht zum Projekt gehören	Der Umbau / Ausbau betrifft ausschliesslich die Büroarbeitsplätze (inkl. Sitzungszimmern) im OG 1 und 2
Projektorganisation	Aufgaben, Kompetenzen und Verantwortlichkeiten des Projektleiters, des Projektteams, des Projektausschusses und weiterer Gremien	• Auftraggeber: S. K., Geschäftsleiter (CEO) • Projektausschuss: Geschäftsleitung • Projektleitung: V. L., Facility-Management • Projektteam: T. R. (Marketing), M. S. (HR), E. B. (Verkaufsadministration), H. S. (Logistik), U. G. (Facility-Management) • Externe Unterstützung: G. D. (Architekturbüro GD AG)
Projekttermine	Voraussichtliche Projektdauer, Meilensteine und Wunsch-Endtermin	• Start der Vorstudie: 1.9.20_0 • Zwischenpräsentation Projektausschuss: 15.10.20_0 • Abschluss der Vorstudie: 15.11.20_0 • Wunschtermin Projektabschluss: 31.10.20_1
Projektbudget	Budget für die Vorstudie, evtl. auch Kostendach für das Gesamtprojekt	Vorstudie: • Personalaufwand intern: 30 Personentage (PT) • Architekturhonorar: CHF 10 000.00 (inkl. MwSt.) • Spesen: CHF 2 500.00
Schnittstellen	Abstimmungsbedarf mit anderen Projekten	Vorstudie: keine
Chancen und Risiken	Hauptchancen und -risiken, die mit dem Projekt verbunden sind	Vorstudie: keine besonderen Chancen oder Risiken
Information und Berichterstattung	Vorgaben zur Information und zur Dokumentation des Projekts	• Protokolle Projektteamsitzungen auf «SharePoint» • Monatlicher schriftlicher Zwischenbericht zuhanden Projektausschuss • Präsentation Projektzwischenstand an GL-Sitzungen: auf Antrag / Einladung • Abschlusspräsentation mit schriftlichem Bericht zuhanden Auftraggeber und Projektausschuss

3.5.2 Prüfung

Der Projektauftrag geht zur nochmaligen Prüfung an das Bewilligungsgremium oder an die entsprechende Entscheidungsinstanz in der Linie zurück. Beurteilt werden dabei:

- Formale und inhaltliche Vollständigkeit: evtl. Antrag auf Ergänzungen oder Rückweisung
- Konsistenz zwischen Projektantrag und Projektauftrag: evtl. Diskussion über Abweichungen
- Vergleich des geplanten Aufwands mit dem für das Projekt reservierten Budget
- Personeller Ressourcenbedarf: Verfügen die involvierten Personen über die notwendige Zeit und Kompetenz?
- Vereinbarkeit der Ziele: Entsprechen die Projektziele den Wünschen des Auftraggebers und der anderen Stakeholder? Sind sie mit der Unternehmensstrategie kompatibel?

3.6 Projektfreigabe und -start

Mit der **gegenseitigen Unterzeichnung** des Projektauftrags durch den Auftraggeber und durch den Projektleiter wird das Projekt **einvernehmlich freigegeben.** Sobald beide Seiten dem Vorhaben zugestimmt haben, ist – zumindest theoretisch – der Projektstart erfolgt.

Wenn die Freigabe nicht erfolgt und das Projekt abgelehnt wird, bedeutet dies keine Niederlage. Im Gegenteil, aus Sicht des Unternehmens werden dadurch nämlich sinnlose oder zumindest fragwürdige Ausgaben und unnötig beanspruchte Ressourcen vermieden.

Idealerweise findet ein «**Kick-off-Meeting**» als erste offizielle Sitzung zum **Projektstart** statt. Dabei werden alle beteiligten und betroffenen Personen über das Projekt eingehend informiert. In Abb. 3-6 sind die wichtigsten Traktanden eines Kick-off-Meetings aufgelistet.

Abb. [3-6]   **Checkliste zum Kick-off-Meeting**

Traktanden (Themen)	Erklärungen
Programm	Einstieg, Ziele, Traktanden und Zeitplan der Kick-off-Sitzung
Vorstellrunde	Gegenseitige Vorstellrunde der am Projekt Beteiligten
Projektauftrag	Detaillierte Erläuterungen des Auftraggebers zum Projektauftrag, insbesondere auch zu den Projektzielen (gemäss Abb. 3-5, S. 35)
Vorgehen	Erste Überlegungen zur Projektstruktur, zur Vorgehensmethodik und zu den eingesetzten Projektmanagement-Tools
Rollen	Abstimmen der Aufgaben und Verantwortlichkeiten innerhalb des Projektteams, gegenseitiges Klären der Erwartungen und Befürchtungen im Zusammenhang mit der Projektarbeit
Spielregeln	Vereinbaren der Spielregeln für die Kommunikation und die Zusammenarbeit im Projektteam und gegenüber den vom Projekt betroffenen Anspruchsgruppen (Stakeholdern)
Informationsmanagement	Form und zeitlicher Rhythmus der Berichterstattung (Besprechungen, Sitzungen, Projektzwischenstandsberichte)
Hilfsmittel und Dokumentation	Festlegen der einzusetzenden Projektmanagement-Tools (Software) und der Anforderungen an die Projektdokumentation

Zusammenfassung   Der Projektinitialisierungsprozess besteht aus folgenden sechs Vorgehensschritten:

Vorgehensschritt	Aktivitäten
Projektidee	• Reaktive Ideen: Veränderung des jetzigen Zustands • Visionäre Ideen: Chance für die Zukunft
Projektantrag	Inhalte eines vollständigen Projektantrags: • Ausgangslage • Probleme • Grobe Lösungsidee • Erwarteter Nutzen, Projektziele • Überlegungen zur Wirtschaftlichkeit • Grobschätzung des Realisierungszeitraums
Antragsprüfung	Beurteilungskriterien für den Projektantrag: • Projekttauglichkeit • Vereinbarkeit mit der Unternehmensstrategie • Risiko eines Misserfolgs • Deckung des Ressourcenbedarfs • Deckung des Know-how-Bedarfs • Wirtschaftlicher Nutzen • Konsequenzen der Nichtrealisierung
Entscheid	Anwendung des Projektportfolios

Vorgehensschritt	Aktivitäten
Projektauftrag	Bedeutung: • Zielvereinbarung / Vertrag zwischen Projektleiter und Auftraggeber • Richtschnur für Gesamtprojekt (zusammen mit dem Projektplan) Inhalt des Projektauftrags: • Ausgangslage • Zielsetzung • Restriktionen • Projektabgrenzung • Projektorganisation • Termine / Meilensteine • Budget • Abstimmungsbedarf • Informations- und Berichtswesen Prüfung anhand der folgenden Kriterien: • Formale und inhaltliche Vollständigkeit • Konsistenz zwischen Projektantrag und Projektauftrag • Vergleich geplanter Aufwand mit dem reservierten Budget • Personeller Ressourcenbedarf • Vereinbarkeit der Systemziele
Projektfreigabe	• Unterzeichnung des Projektauftrags • Projektstart-Sitzung (Kick-off-Meeting)

Repetitionsfragen

7 Welche der folgenden fünf Aussagen zum Projektinitialisierungsprozess sind richtig?

☐	Projekte, die voraussichtlich der Unternehmensstrategie zuwiderlaufen, sind grundsätzlich abzulehnen.
☐	Vor der Projektfreigabe ist zu prüfen, ob der Projektauftrag mit dem Projektantrag vereinbar ist.
☐	Ein Projektauftrag entspricht der Zielvereinbarung zwischen der Projektleiterin und dem Projektteam.
☐	Im Antrag müssen visionäre Projektideen nicht so konkret ausgearbeitet sein wie reaktive Projektideen.
☐	Ein Projektantrag muss eine grobe Lösungsskizze enthalten.

8 Welche Empfehlung zum Projektentscheid geben Sie für die Projekte 1 bis 5 aufgrund der Einschätzung ihrer wirtschaftlichen und strategischen Bedeutung?

Projekt	Bedeutung		Ihr Entscheid (Empfehlung)
	Wirtschaftlich	Strategisch	
Projekt 1	Niedrig	Mittel	
Projekt 2	Hoch	Mittel	
Projekt 3	Hoch	Hoch	
Projekt 4	Niedrig	Niedrig	
Projekt 5	Mittel	Hoch	

9 Handelt es sich bei den folgenden Beispielen um eine reaktive oder um eine visionäre Idee?

A] Die heutigen Kursräumlichkeiten genügen nicht mehr den Anforderungen. Ein Umzugsprojekt soll diesen Missstand beheben.

B] Seit Längerem ist die schlechte Benutzerführung in der Zeiterfassungssoftware ein Thema. Deshalb soll nun eine neue Software evaluiert werden.

C] Eine auf «Bio-Fast-Food» spezialisierte Restaurantkette möchte in die Zentralschweiz expandieren, da sie dort noch keine vergleichbaren Angebote sieht.

4 Projektziele definieren

Lernziele	Nach der Bearbeitung dieses Kapitels können Sie … • anhand von Beispielen beurteilen, ob Projektziele korrekt formuliert wurden. • einen vorliegenden Zielkatalog von Kann-Zielen korrekt klassifizieren. • die Bedeutung der Zielgewichtung erklären.
Schlüsselbegriffe	Kann-Ziele, Kick-off-Meeting, Leistungsziele, Muss-Ziele, personelle Ziele, Präferenzmatrix, Projektumfeldanalyse, redundante Ziele, Stakeholder, stufenweise Gewichtung, Systemziele, Vorgehensziele, wirtschaftliche Ziele, Zieldefinitionsprozess, Zieldokumentation, Zielentscheid, Zielkonflikte, Zielstruktur

Ein Ziel ist ein angestrebter Soll-Zustand oder eine erwünschte Wirkung. Projektziele beschreiben somit künftige Ergebnisse, die mit dem Projekt erreicht werden sollen.

Aus folgenden Gründen braucht es eindeutige und zweckmässige Ziele in Projekten:

- **Koordination:** Ziele bilden die Ausgangslage für sämtliche anfallenden Aufgaben.
- **Steuerung:** Ziele setzen Leitplanken sowohl für den Projektbearbeitungsprozess als auch für die Zusammenarbeit im Projektteam und mit den verschiedenen Gremien der Projektorganisation.
- **Motivation:** Ziele motivieren die Beteiligten, sie zu erreichen, und erhöhen die Akzeptanz bei den Stakeholdern; man weiss, worum es geht.
- **Lösungssuche:** Ziele definieren einen Soll-Zustand; sie sind wegweisend für das Entwickeln von Lösungsideen.
- **Entscheidungsfindung:** Ziele sind Beurteilungskriterien für die Lösungsvarianten.
- **Erfolgskontrolle:** Anhand der Ziele lassen sich die erreichten Ergebnisse messen (als Soll-Ist-Vergleich).

Viele Projektleiter tun sich schwer, solche eindeutigen und zweckmässigen Projektziele zu definieren. In diesem Kapitel lernen Sie deshalb, worauf es dabei ankommt und wie Sie systematisch vorgehen können.

Abb. 4-1 zeigt die sieben Vorgehensschritte, auf die wir nachfolgend eingehen.

Abb. [4-1] Systematischer Zieldefinitionsprozess

Ziele ermitteln → Ziele analysieren → Ziele klassifizieren → Ziele operationalisieren → Ziele gewichten → Zielentscheid herbeiführen → Ziele kommunizieren

4.1 Ziele ermitteln

An den Projektergebnissen sind mehrere Stakeholder (englischer Fachbegriff für Anspruchsgruppen) interessiert, wobei jede dieser Gruppen – oft sogar jede Person – unterschiedliche Vorstellungen hat, wie diese Ergebnisse oder die Zwischenergebnisse aussehen sollen.

Mit der Projektumfeldanalyse (s. Kap. 5.2, S. 51) werden die Interessen und Erwartungen der einzelnen Stakeholder ermittelt. Natürlich ergeben sich daraus nicht komplett verschiedene Ziele. Im Gegenteil, in fast jedem Projekt gibt es auch gemeinsame Ansprüche, die folglich bei der Zieldefinition stärker gewichtet werden sollten als Einzelansprüche.

Um möglichst alle relevanten Ziele für ein Projekt zu ermitteln, sind nebst der Projektumfeldanalyse noch **weitere Abklärungen und Analysen** erforderlich:

- Unternehmerische Rahmenbedingungen und Ist-Situation analysieren.
- Unternehmensstrategie und -ziele berücksichtigen.
- Projektziele parallel laufender Projekte einfordern.
- Anforderungen des Qualitätsmanagements aufnehmen.
- Gesetzliche Anforderungen beachten.
- Verträge (z. B. mit Lieferanten, Systemanbietern, Kooperationspartnern usw.) konsultieren.

Die ermittelten Anforderungen – Rahmenbedingungen, Bedürfnisse, Vorstellungen oder Ansprüche – müssen nun in **eindeutige und zweckmässige Ziele umformuliert** und diese schriftlich festgehalten werden.

Abb. [4-2] **Zielkatalog – Beispiel Umbauprojekt Büroräume**

Nr.	Formulierung
1	Erhalt aller Arbeitsplätze
2	Erhöhung der nutzbaren Bürofläche für die Mitarbeitenden
3	Verbesserung der Ergonomie an den Büroarbeitsplätzen
4	Vorhandene Flächen dank des Umbaus besser nutzen
5	Ausstattung der Sitzungszimmer mit der modernsten technischen Infrastruktur
6	Reduktion der Mitarbeiterfluktuation
7	Senkung der arbeitsplatzbedingten Krankheitstage
8	Mehr Drucker pro Stockwerk zur Verfügung haben
9	Verringerung unproduktiver Flächen in den Büroräumen
10	Zuerst die Büroarbeitsplätze umbauen, erst in einem zweiten Schritt den Pausenraum sowie die sanitären Anlagen
11	Möglichst kostengünstiger Umbau
12	Senkung der jährlichen Mietkosten gegenüber heute um 10%
13	Erhöhung der Mitarbeiterzufriedenheit
14	Vollständige Weiternutzung der bestehenden Büromöbel
15	Besseres Image bei Geschäftspartnern

4.2 Ziele analysieren

Die formulierten Ziele werden nun geprüft und anschliessend klassifiziert. **Fünf Fragen** helfen bei der Analyse der Ziele:

1. Handelt es sich wirklich um ein Ziel?
2. Beziehen sich die Ziele auf das Projekt?
3. Kommen dieselben Ziele mehrfach vor und sind bestimmte Ziele somit redundant?
4. Handelt es sich um Muss- oder um Kann-Ziele?
5. Gibt es Zielkonflikte, weil Ziele sich konkurrenzieren oder widersprechen?

4.2.1 Handelt es sich wirklich um ein Ziel?

Anhand von sieben Kriterien können Sie beurteilen, ob es sich um ein «echtes» Ziel handelt. Ein «echtes» Ziel

- liegt in der Zukunft,
- ist vorstellbar,
- ist realistisch,
- kann nur durch aktives Handeln erreicht werden,
- wird bewusst angestrebt,
- will erreicht werden und
- ist lösungsneutral formuliert.

Demgegenüber liegt ein «unechtes» Ziel vor, wenn es sich von selbst ergibt, kein aktives Handeln erfordert, eine Lösung oder einen Lösungsweg vorwegnimmt. Abb. 4-3 zeigt diese vier Fälle anhand des Umbauprojekts Büroräume.

Abb. [4-3]   Unechte Ziele – Kriterien und Beispiele

Kriterium	Projekt «Umbau Büroräume»
Ein Ereignis, das in Zukunft sowieso eintritt	Ziel 12: Senkung der jährlichen Mietkosten gegenüber heute um 10%. Kommentar: Laut Prognosen ist am betreffenden Standort eine Mietzinssenkung um 10% wahrscheinlich.
Ein Ereignis, das ohne Aktivität erreicht wird	Ziel 8: Mehr Drucker pro Stockwerk zur Verfügung haben. Kommentar: Die geplante Flächenreduktion führt automatisch zu mehr verfügbaren Druckern pro Stockwerk.
Beschreibung einer Problemlösung	Ziel 4: Vorhandene Flächen dank des Umbaus besser nutzen.
Beschreibung eines Lösungswegs	Ziel 10: Zuerst die Büroarbeitsplätze umbauen, erst in einem zweiten Schritt den Pausenraum sowie die sanitären Anlagen.

4.2.2 Beziehen sich die Ziele auf das Projekt?

Nehmen Sie nur Ziele in den Zielkatalog auf, die sich mit dem gewünschten Projektergebnis verwirklichen lassen. Eliminieren Sie jene Ziele, die nicht zum Projektauftrag passen oder sich durch das Projekt nicht erreichen und nicht beeinflussen lassen.

Beispiel   Das Ziel 1 (Erhalt aller Arbeitsplätze) hat keinen direkten Bezug zum Umbauprojekt. Es wird folglich aus dem Zielkatalog gestrichen.

4.2.3 Kommen redundante Ziele vor?

Als redundante Ziele werden unnötige Ziele verstanden, die – anders formuliert – bereits bestehen und deshalb doppelt oder mehrfach vorkommen.

Ähnliche oder identische Ansprüche von mehreren Stakeholdern können zu solchen redundanten Zielen führen. Da sie nicht immer auf den ersten Blick erkennbar sind, müssen sämtliche Ziele sorgfältig überprüft werden. Danach sind die redundanten Ziele konsequent zu bereinigen, indem man sie zu einem einzigen Ziel zusammenfasst oder die überflüssigen Ziele streicht. Diese Bereinigung ist vor allem bei der Beurteilung von Lösungsvarianten wichtig, denn redundante Ziele können zu «verzerrten» Bewertungsergebnissen führen.

Beispiel   Redundant sind die Ziele 2 (Erhöhung der nutzbaren Bürofläche für die Mitarbeitenden) und 9 (Verringerung unproduktiver Flächen in den Büroräumen).

Eines der beiden Ziele wird folglich aus dem Zielkatalog gestrichen.

4.2.4 Handelt es sich um Muss- oder um Kann-Ziele?

Für eine weitere Strukturierung eignet sich die Einteilung in Muss- und Kann-Ziele.

Muss-Ziele müssen unbedingt erreicht werden. Sie lassen sich i. d. R. aus den gesetzlichen Anforderungen, aus den übergeordneten Zielen (Unternehmensziele, Projektziele) oder aus zwingenden Vorgaben des Entscheiders herleiten. Muss-Ziele sind so eindeutig zu formulieren, dass sofort klar ist, ob sie erfüllt sind oder nicht. Bei der Beurteilung von Lösungsvarianten entscheiden sie nämlich darüber, ob gewisse Lösungen auszuschliessen sind. Muss-Ziele werden deshalb auch Restriktionen oder «K.-o.-Kriterien» (Knock-out-Kriterien) genannt.

Kann-Ziele sind Ziele, die mehr oder weniger gut erfüllt sein können, ohne dass dadurch die Lösung insgesamt schon infrage gestellt würde. Kann-Ziele erhalten eine unterschiedlich starke Gewichtung.

Beispiel	• Muss-Ziel 14: vollständige Weiternutzung der bestehenden Büromöbel • Kann-Ziel 3: Verbesserung der Ergonomie in den Sitzungszimmern

4.2.5 Gibt es Zielkonflikte?

Oft werden Ziele definiert, die sich gegenseitig konkurrenzieren oder einander sogar direkt widersprechen. Man spricht dann von einem Zielkonflikt.

Beispiel	Ein Konflikt besteht zwischen den folgenden beiden Zielen: • Ziel 11: möglichst kostengünstiger Umbau • Ziel 5: Ausstattung der Sitzungszimmer mit der modernsten technischen Infrastruktur

Bei einem Zielkonflikt kann die Erreichung eines bestimmten Ziels durch ein anderes konkurrierendes bzw. widersprüchliches Ziel behindert oder gar verunmöglicht werden. Mit der Zielbeziehungsmatrix lassen sich die einzelnen Ziele zueinander in Beziehung setzen und mögliche Zielkonflikte aufdecken.

Abb. 4-4 zeigt die Zielbeziehungsmatrix für vier ausgewählte Ziele aus dem Projekt «Umbau Büroräume».

Abb. [4-4]   Zielbeziehungsmatrix – Beispiel

	Zielformulierung	Ziel 11 (Kann)	Ziel 6 (Kann)	Ziel 13 (Kann)	Ziel 3 (Muss)	Ziel 14 (Muss)
Ziel 11 (Kann)	Möglichst kostengünstiger Umbau		a	k	k	u
Ziel 6 (Kann)	Reduktion der Mitarbeiterfluktuation	a		u	u	k
Ziel 13 (Kann)	Erhöhung der Mitarbeiterzufriedenheit	k	u		u	k
Ziel 3 (Muss)	Verbesserung der Ergonomie an den Büroarbeitsplätzen	k	u	u		k
Ziel 14 (Muss)	Vollständige Weiternutzung der bestehenden Büromöbel	u	k	k	k	

Legende: a = ist autonom gegenüber; k = steht in Konflikt mit; u = unterstützt.

Beispiel

- Das Ziel 11 steht in Konflikt mit den Zielen 13 und 3, unterstützt das Ziel 14 und ist autonom gegenüber dem Ziel 6.
- Das Ziel 3 unterstützt die Ziele 6 und 13, steht aber in Konflikt mit den Zielen 11 und 14.

Beachten Sie die Grundsätze im Umgang mit Zielkonflikten:

- Wenn sich zwei Muss-Ziele widersprechen, so besteht ein starker Konflikt, der unbedingt bereinigt werden muss, denn ohne eine solche Bereinigung kann keine Lösung gefunden werden.
- Konkurrenzieren sich zwei Kann-Ziele, so besteht ein schwacher Konflikt, der meist gelöst werden kann, indem die Ziele entsprechend gewichtet, d. h. bei den Kann-Zielen Prioritäten gesetzt werden.

Beispiel

- Für den Konflikt zwischen den beiden Muss-Zielen 3 (Verbesserung der Ergonomie an den Büroarbeitsplätzen) und 14 (vollständige Weiternutzung der bestehenden Büromöbel) ist eine Bereinigung unumgänglich.
- Der Konflikt zwischen den beiden Kann-Zielen 11 (möglichst kostengünstiger Umbau) und 13 (Erhöhung der Mitarbeiterzufriedenheit) lässt sich «lösen», indem diese Ziele später unterschiedlich gewichtet werden.

4.3 Ziele klassifizieren

Um die Kann-Ziele detaillierter zu bearbeiten und sie gewichten zu können, eignet sich eine weitere Unterscheidung in System- und Vorgehensziele.

Hingegen werden Muss-Ziele i. d. R. nicht mehr weiter untergliedert, sondern neben der entstehenden Zielstruktur separat aufgeführt, um ihren besonderen Stellenwert auch optisch hervorzuheben.

4.3.1 Systemziele

Systemziele beziehen sich auf die erwartete Lösung und dienen gleichzeitig als Beurteilungskriterien für die Lösungsvorschläge. In der Praxis haben sich drei Klassen von Systemzielen durchgesetzt.

Abb. [4-5]   Klassifizierung der Systemziele

- Wirtschaftliche Ziele besagen, welche Anforderungen an die Wirtschaftlichkeit der neuen Lösung gestellt werden und welche Investitionen dafür maximal getätigt werden dürfen.
- Leistungsziele besagen, welche Anforderungen an die Funktion(en) und Leistung(en) der neuen Lösung gestellt werden.
- Personelle Ziele betreffen die vom Projekt direkt oder indirekt betroffenen Personen mit ihren menschlichen Bedürfnissen.

Beispiel

Klassifizierung	Nr.	Zielformulierung
Wirtschaftliche Ziele	11	Möglichst kostengünstiger Umbau
	6	Reduktion der Mitarbeiterfluktuation
Leistungsziele	2	Erhöhung der nutzbaren Bürofläche für die Mitarbeitenden
	5	Ausstattung der Sitzungszimmer mit der modernsten technischen Infrastruktur
	15	Besseres Image bei Geschäftspartnern
Personelle Ziele	7	Senkung der arbeitsplatzbedingten Krankheitstage
	13	Erhöhung der Mitarbeiterzufriedenheit

4.3.2 Vorgehensziele

Um die Systemziele zu erreichen, definiert der Projektleiter separate Vorgehensziele im Hinblick auf die Abwicklung des Projekts. Diese Vorgehensziele entsprechen Etappenzielen bezüglich der erwarteten Leistung bzw. Qualität, Zeit und Kosten. Gemeinsam repräsentieren sie den angestrebten Entwicklungsfortschritt des Projekts.

Die Vorgehensziele dienen dem Auftraggeber und der Projektleiterin als Führungsgrössen und bilden eine wichtige Grundlage für die Projektplanung.

Beispiel
- Die detaillierten Anforderungen an die ergonomische Ausgestaltung sind bis 30. April 20_1 (Zeit) in einem separaten Dokument beschrieben (Leistung).
- Nach der Vernehmlassung durch die Benutzervertreter darf das Dokument keine kritischen Befunde (Qualität) mehr aufweisen.
- Für die Erstellung des Dokuments darf der Kostenrahmen von CHF 15 000.00 nicht überschritten werden (Kosten).

4.3.3 Zielstruktur

Anhand der klassifizierten Ziele und der zuvor getroffenen Einteilung in Muss- und Kann-Ziele können Sie eine Zielstruktur erstellen. Diese gibt Auskunft über die Art und Dringlichkeit der erhobenen Ziele.

In Abb. 4-6 ist die Zielstruktur für das Projekt «Umbau Büroräume» dargestellt.

Abb. [4-6] Zielstruktur – Beispiel

Systemziele	Wirtschaftliche Ziele	• Möglichst kostengünstiger Umbau • Reduktion der Mitarbeiterfluktuation
	Leistungsziele	• Erhöhung der nutzbaren Bürofläche für die Mitarbeitenden • Ausstattung der Sitzungszimmer mit der modernsten technischen Infrastruktur • Besseres Image bei Geschäftspartnern
	Personelle Ziele	• Senkung der arbeitsplatzbedingten Krankheitstage • Erhöhung der Mitarbeiterzufriedenheit
Vorgehensziele		• Anforderungsdokument für ergonomische Ausgestaltung bis 30. April 20_1 vorliegend • Einbezug von Benutzervertretern in die Büroraumgestaltung • Abnahme Umbauprojekt per 30.11.20_1
Muss-Ziele		• Verbesserung der Ergonomie an den Büroarbeitsplätzen • Möglichst vollständige Weiternutzung der bestehenden Büromöbel

4.4 Ziele operationalisieren

«Ziele operationalisieren» bedeutet, Ziele messbar zu machen. Die Zielerreichung lässt sich dadurch eindeutig beurteilen. Auch dienen operationalisierte Ziele dazu, Lösungsvarianten zu vergleichen, und bieten somit eine Entscheidungshilfe dafür, welche Variante weiterverfolgt werden soll.

Operationalisierte Ziele sind ausserdem ein wichtiges Führungsinstrument: Das Projektteam arbeitet motivierter, wenn es genau weiss, worum es geht und worauf es ankommt. Auch aus diesem Grund sollten Sie den Zieldefinitionsprozess dokumentieren und allen Beteiligten transparent machen.

Operationalisierte Projektziele müssen einen klaren Beurteilungsmassstab für die Zielerreichung aufweisen. Dieser kann auf quantitativen und / oder qualitativen Kriterien beruhen:

- Für den Vergleich zwischen Lösungsvarianten dient eine Bewertung der Ziele nach dem Kriterium «wie gut erreicht?» als Entscheidungshilfe. In diesem Fall enthält der Ziel-Massstab i. d. R. noch keinen Grenzwert.
- Ziele, die einen Massstab mit Grenzwert aufweisen, eignen sich besonders gut für die Projekterfolgskontrolle, weil eine eindeutige Beurteilung möglich ist: «Erreicht oder nicht erreicht?» Sie können aber auch dem Vergleich zwischen Lösungsvarianten dienen.

Beispiel

Ziel-Massstab ohne Grenzwert:
- Möglichst starke Erhöhung der Mitarbeiterzufriedenheit gegenüber heute.
- Möglichst grosse Senkung der arbeitsplatzbedingten Krankheitstage.
- Die technische Infrastruktur ist auf dem neuesten Stand («State of the Art»).

Ziel-Massstab mit Grenzwert:
- Die Mitarbeitenden verfügen über mindestens 15% mehr nutzbare Bürofläche als heute.
- Die jährliche Fluktuationsrate der Mitarbeitenden beträgt höchstens 6%.
- Das Umbauprojekt kostet höchstens CHF 220 000.00.

4.5 Ziele gewichten

Dass nicht alle Ziele gleich wichtig sind, zeigt die Unterscheidung in Muss- und Kann-Ziele. Diese unterschiedliche Bedeutung kann auch durch die Gewichtung der Ziele zum Ausdruck gebracht werden. Dabei ist zu beachten:

- Muss-Ziele nicht gewichten, da sie zwingend einzuhalten sind.
- In vielen Projekten werden nur die Systemziele gewichtet, da die Vorgehensziele nach Projektende meist nicht mehr relevant sind.
- Die Kann-Ziele sind zu gewichten, bevor die Lösungsvarianten vorliegen.
- Die Gewichtung ist ein subjektiver Vorgang, unabhängig von den gewählten Methoden, da sie immer auch von den Interessenlagen der involvierten Personen abhängt.
- Der Auftraggeber entscheidet letztlich über die Gewichtung.
- Mit Vorteil werden in einem Projekt Gewichtungstechniken angewandt, die sowohl die Frosch- als auch die Vogelperspektive berücksichtigen.

Hinweis

In den nachfolgenden Beispielen werden nur die Systemziele gewichtet.

4.5.1 Stufenweise Gewichtung

Bei der stufenweisen Gewichtung einer Zielstruktur wird, ausgehend von 100% der obersten Stufe, jeweils die entsprechende Prozentzahl auf die direkt darunter liegenden Äste verteilt. Dieser Prozess geht so lange, bis alle untersten Äste einer Struktur gewichtet sind. Die stufenweise Gewichtung entspricht der Vogelperspektive, da man von oben nach unten vorgeht.

In Abb. 4-7 wird die stufenweise Gewichtung am Beispiel des Projekts «Umbau Büroräume» dargestellt.

Abb. [4-7] Stufenweise Gewichtung – Beispiel

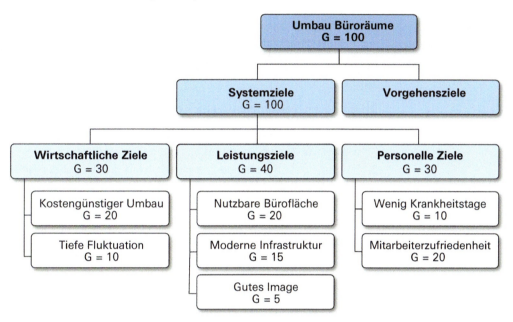

G = Gewichtung (Wichtigkeit eines Ziels in % der gesamten Ziele)

4.5.2 Präferenzmatrix

Die Präferenzmatrix wird typischerweise auf die Ziele der untersten Hierarchiestufe angewendet, ist aber auch auf jeder anderen Ebene einsetzbar. Diese Gewichtungsmethode entspricht der Froschperspektive, da man Detailvergleiche auf der untersten Ebene vornimmt und die Ergebnisse nach oben verdichtet. Man geht dabei von der plausiblen Überlegung aus, dass ein Ziel sehr wichtig sein muss, wenn es im direkten Vergleich mit allen anderen Zielen sehr oft bevorzugt (d. h. präferiert) wurde.

Abb. 4-8 zeigt die Präferenzmatrix für das Projekt «Umbau Büroräume», das in Abb. 4-7 stufenweise gewichtet wurde.

Abb. [4-8]   Präferenzmatrix – Beispiel

M	G	R	N	Nr.	Ziele
12	10	5	2	a	Kostengünstiger Umbau
6	5	7	1	b	Tiefe Fluktuation
23	28	1	6	c	Nutzbare Bürofläche
14	14	3	3	d	Moderne Infrastruktur
12	10	5	2	e	Gutes Image
14	14	3	3	f	Wenig Krankheitstage
19	19	2	4	g	Hohe Mitarbeiterzufriedenheit
100%	100%		21		

Spalten der Präferenzmatrix:
M = modifizierte Gewichtung des Ziels (gerundet)
G = prozentuale Gewichtung des Ziels (gerundet)
R = Rangreihenfolge des Ziels
N = Anzahl der Nennungen des Ziels im paarweisen Vergleich

Die Erstellung einer Präferenzmatrix erfolgt in vier Schritten:

1. Jedes Ziel in der Präferenzmatrix wird mit jedem anderen verglichen und das jeweils präferierte Ziel im Schnittpunkt notiert (a, b, c usw.).
2. Sind alle Ziele miteinander verglichen, wird die Anzahl der Nennungen (N) je Ziel summiert und die entsprechende Gewichtung (G) in % berechnet.
3. Aus der Gewichtung ergibt sich die Rangreihenfolge (R) der Ziele.
4. Anschliessend kann die Gewichtung noch modifiziert werden (M), wobei jedoch die Rangfolge und das Total der Gewichte nicht verändert werden dürfen. Die neuen Gewichtungen werden in die erste Spalte M eingetragen.

Wenn die Gewichtung aus der Vogel- und aus der Froschperspektive stark voneinander abweichen, empfiehlt es sich, die Ursachen genauer zu untersuchen. Danach braucht es die Entscheidung, wie die Zielgewichtung im weiteren Projektverlauf erfolgen soll.

Beispiel Das Ziel «Nutzbare Bürofläche» erhält in der Präferenzmatrix mit 28% eine höhere Gewichtung als in der stufenweisen Gewichtung (20%). Hingegen wird das Ziel «Kostengünstiger Umbau» in der Präferenzmatrix mit 10% deutlich niedriger bewertet als in der stufenweisen Gewichtung (20%). Es empfiehlt sich, genauer abzuklären, wieso es diese Differenzen in den beiden Betrachtungsweisen gibt.

Durch die Modifikation der Gewichtsprozente in der Präferenzmatrix (z. B. «Nutzbare Bürofläche» von 28% auf 23% und «Kostengünstiger Umbau» von 10% auf 12%) kann eine Annäherung erreicht werden, ohne dass die Rangfolge der Ziele in der Präferenzmatrix verändert wird.

4.6 Zielentscheid herbeiführen

Idealerweise wird die Zieldokumentation im Verlauf der Zieldefinition erstellt. Wenn dieser Entwicklungsprozess lückenlos und systematisch aufgezeichnet ist, bleiben die Ziele für jedermann und jederzeit nachvollziehbar.

Eine Zieldokumentation sollte nach den folgenden fünf Punkten aufgebaut sein:

1. Auftrag
2. Projektziele
3. Ansprüche aller Stakeholder
4. Zielanalyse
5. Zielstruktur

Die Zieldokumentation ist in der Initialisierungsphase ein **Bestandteil des Projektauftrags** und muss daher von den **Entscheidungsträgern genehmigt** werden. Falls Ziele im weiteren Projektverlauf angepasst oder aufgegeben werden sollten, muss die Projektleiterin die veränderte Zieldokumentation erneut zur Entscheidung vorlegen.

4.7 Ziele kommunizieren

Es empfiehlt sich, die definierten Ziele dem Projektteam in einem speziell dafür anberaumten **Kick-off-Meeting** (Projektstart-Sitzung) zu präsentieren. Rufen Sie diese auch später – im Verlauf der Projektabwicklung – bei allen Beteiligten immer wieder in Erinnerung. Möglichkeiten dazu sind z. B.:

- Die Ziele für alle sichtbar an die Wand des Projektbüros bzw. Sitzungszimmers hängen.
- Regelmässig, z. B. bei jeder Projektsitzung, auf die Ziele hinweisen.
- Bei jeder Projektsitzung den Projektfortschritt anhand der erreichten Ziele überprüfen.
- Die Zielerreichung belohnen und sie auch allen Beteiligten mitteilen.

Zusammenfassung

Für die Projektführung und -steuerung sind eindeutige und zweckmässige Ziele unerlässlich.

Eine **systematische Zieldefinition** umfasst folgende sieben Schritte:

Vorgehensschritte	Aktivitäten
Ziele ermitteln	Ziele aufgrund der Ansprüche unterschiedlicher Interessengruppen (Stakeholder) sammeln und schriftlich festhalten.
Ziele analysieren	Kritische Prüfung der formulierten Ziele nach den Kriterien: «echte» Ziele; Bezug zum Projekt; keine redundanten Ziele; Gliederung in Muss- und Kann-Ziele; Zielkonflikte
Ziele klassifizieren	Kann-Ziele nach Systemzielen (wirtschaftliche Ziele, Leistungsziele oder personelle Ziele) und Vorgehenszielen (Etappenziele des Projekts) klassifizieren.
Ziele operationalisieren	Massstab für Ziele festlegen, als Entscheidungs- und Beurteilungsgrundlage.
Ziele gewichten	Kann-Ziele durch eine stufenweise Gewichtung und / oder in Form einer Präferenzmatrix gewichten. Oft werden nur Systemziele gewichtet.
Zielentscheid herbeiführen	Systematische schriftliche Zieldokumentation als Bestandteil des Projektauftrags: Nachvollziehbarkeit des Zieldefinitionsprozesses gewährleisten. Zielentscheid bei Entscheidungsgremium herbeiführen.
Ziele kommunizieren	Ziele allen am Projekt Beteiligten präsentieren.

Repetitionsfragen

10   Sind die folgenden vier Aussagen über den Zieldefinitionsprozess richtig oder falsch?

A] Es darf in einem Projekt keine Zielkonflikte geben.

B] Ein unechtes Projektziel ist z. B.: «Wir wollen die Controllingprozesse in sämtlichen Unternehmensbereichen automatisieren.»

C] Alle Muss- und Kann-Ziele sind zu gewichten, damit man später die Lösungsvarianten objektiv beurteilen kann.

11   Warum sind operationalisierte Ziele für ein Projekt wichtig?

12 Im Projekt «Verbesserung des Busbetriebs» wurde folgende Präferenzmatrix erhoben.

M	G	R	N	Nr.	Ziele
22	19	2	4	a	Tiefe laufende Kosten
10	10	5	2	b	Tiefe Investitionskosten
13	14	3	3	c	Geringe Störanfälligkeit
13	14	3	3	d	Viele Direktverbindungen
25	28	1	6	e	Schnelle Verbindungen
7	5	7	1	f	Gute Arbeitsbedingungen
10	10	5	2	g	Sichere Arbeitsplätze
100%	100%		21		

Beantworten Sie dazu die folgenden Fragen:

A] Wird das Ziel «Viele Direktverbindungen» vor dem Ziel «Tiefe Investitionskosten» bevorzugt?

B] Was bedeuten die unterschiedlichen Zahlen in den Spalten «M» und «G» beim Ziel «Tiefe laufende Kosten»?

C] Welches Ziel ist gemäss der Präferenzmatrix am tiefsten zu gewichten?

5 Stakeholdermanagement

Lernziele

Nach der Bearbeitung dieses Kapitels können Sie …

- die Ziele und Grundsätze des Stakeholdermanagements nennen.
- das Vorgehen bei einer Projektumfeldanalyse bestimmen.

Schlüsselbegriffe

Akzeptanz, Bedürfnisse, Einfluss-Interessen-Matrix, Erwartungen, Kommunikationsinstrumente, Lobbying, Projektumfeldanalyse, Stakeholderbeziehungen, Stakeholderidentifikation, Stakeholdermanagementkonzept, Stakeholdermap, Wirksamkeitskontrolle

Der Projekterfolg hängt massgeblich von der Akzeptanz der betroffenen und beteiligten Personen (Stakeholder bzw. Anspruchsgruppen) ab. Diese Akzeptanz bewusst zu fördern, ist vor allem eine Kommunikationsaufgabe. Die ziel- und zielgruppengerechte, offene Kommunikation gilt deshalb als einer der wichtigsten Erfolgsfaktoren des Projektmanagements.

In der Praxis trifft man allerdings immer wieder auf Probleme, die auf eine mangelhafte Kommunikation zurückzuführen sind.

Beispiel

- Der Auftraggeber erteilt einen ungenauen Projektauftrag und hofft, dass die Projektleiterin seine wirklichen Interessen am Projekt schon richtig interpretiere.
- Anstatt die relevanten Stakeholder zu befragen, verwenden die Projektmitarbeitenden in der Konzeptionsphase viel Zeit auf die Definition von Anforderungen.
- Die Anwender wurden in die Entwicklung einer neuen Applikation nicht konsequent einbezogen. In der Anwenderschulung kritisieren sie die Applikation als zu wenig benutzerfreundlich und wehren sich dagegen, damit arbeiten zu müssen.
- Der Kunde hat ganz bestimmte Erwartungen an die Projektlösung, spricht diese aber nicht klar aus. Anlässlich der Präsentation weist er die Lösung mit den Worten zurück: «Ich habe mir etwas anderes vorgestellt, aber man hat mich ja nicht gefragt!»

Ein professionelles Stakeholdermanagement zu betreiben, ist ein Muss für jeden Projektleiter, der den Projekterfolg sichern will. Er muss dafür einige Zeit investieren, die sich aber auf jeden Fall lohnt.

Das Stakeholdermanagement wird auch als Projektmarketing bezeichnet, da die damit verbundenen Kommunikationsaufgaben mit dem klassischen Produktmarketing verwandt sind. Allerdings muss nicht nur das Projektergebnis, also das Endprodukt, sondern auch das Projekt während seiner Abwicklung «verkauft» werden. Denn eine gute Projektleistung garantiert noch nicht, dass sie alle Stakeholder auch wünschen bzw. akzeptieren.

Wer als Projektleiter ein optimales Stakeholdermanagement betreibt, «verkauft» deshalb nicht nur sein Projekt, sondern bemüht sich von Anfang an, möglichst alle relevanten Stakeholder für die Projektziele zu gewinnen. Er versteht es, sie so zu beeinflussen, dass sie ihm ihre aktive Unterstützung für das Projekt zusichern. Dieser Versuch der gezielten Einflussnahme wird als sog. Lobbying z. B. auch in der Politik betrieben.

5.1 Ziele, Grundsätze und Vorgehen

Das Stakeholdermanagement begleitet sämtliche Projektphasen von der Initialisierung über die Planung, Realisierung, Einführung bis hin zum Abschluss und auch darüber hinaus (d. h. während der Nutzungsdauer der im Projekt erstellten Lösung). Es umfasst alle systematisch geplanten, unterstützenden Aktivitäten und Massnahmen, die primär die Akzeptanz aller Beteiligten als auch die aktive Unterstützung durch die «mächtigen» Stakeholder fördern. Insgesamt ergibt sich daraus ein ausgesprochen positiver Effekt auf die Abwicklung und den Fortschritt im Projekt. Wenn es nämlich gelingt, die Projektbeteiligten zu positiven Botschaftern der Projektidee und -ergebnisse zu machen, schafft dies Synergien ohne Extraaufwand.

Als Ziele des Stakeholdermanagements gelten demnach:

- Transparenz und Vertrauen bei Stakeholdern schaffen.
- Aufmerksamkeit auf das Projekt steigern.
- Betroffene zu Beteiligten machen.
- Gerüchte, Unsicherheiten bei Stakeholdern vermeiden und Risiken vermindern.
- Projektunterstützung von Meinungsmachern und Entscheidungsträgern verbessern.
- Projektfinanzierung sicherstellen.
- Projektkultur im Unternehmen fördern.

Ein funktionierendes Stakeholdermanagement hält sich an die Grundsätze von Abb. 5-1.

Abb. [5-1]   Grundsätze des Stakeholdermanagements

Grundsatz	Was heisst das?
Rechtzeitig	Stakeholdermassnahmen frühzeitig planen und auch budgetieren. Dies wird häufig vergessen, sodass die notwendigen finanziellen und personellen Ressourcen für ein adäquates Stakeholdermanagement fehlen.
Proaktiv	Die Stakeholder von Beginn an in das Projekt einbeziehen und mit einem «initiativen» Verhalten den allfälligen Gerüchten und dem damit verbundenen Widerstand vorbeugen.
Adressatengerecht	Mit einer zielgruppenspezifischen, bedürfnisgerechten Kommunikation die Stakeholder für die Projektunterstützung gewinnen.
Situationsgerecht	Um eine nachhaltige Vertrauensbasis in den Beziehungen zu schaffen, die Verhaltensregeln und Gepflogenheiten respektieren und sich in diesem Sinn gegenüber den Stakeholdern «politisch korrekt» verhalten.
Sorgfältig	Eine sorgfältige Vorbereitung von Sitzungen, Präsentationen, Informationsveranstaltungen usw. ist zeitaufwendig, lohnt sich aber, denn die Folgen eines unprofessionellen Auftritts können für die Akzeptanz des Projekts verheerend sein.
Verbindlich	Nur versprechen, was auch eingehalten werden kann! Werden falsche Erwartungen geweckt, die sich später nicht erfüllen, kann das Stakeholdermanagement sogar kontraproduktiv wirken.

Der Stakeholdermanagementprozess kann in vier Teilschritte gegliedert werden: Analyse des Projektumfelds, Entwicklung eines Stakeholdermanagementkonzepts, Umsetzung der Massnahmen und Wirksamkeitskontrolle.

Abb. [5-2]   Vorgehen beim Stakeholdermanagement

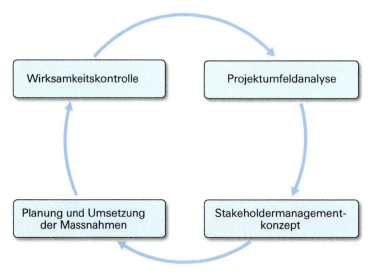

5.2 Projektumfeldanalyse

Mithilfe der Projektumfeldanalyse werden möglichst viele Informationen über vorhandene Interessen, Bedürfnisse, Einflussmöglichkeiten und Beziehungen im Projektumfeld ermittelt. Besonders herausfordernd ist dies bei heiklen und schwierigen Projekten, die grosse Anpassungsleistungen verlangen oder massive Veränderungen mit sich bringen. Die gewonnenen Informationen liefern die Grundlage für ein zielgerichtetes Stakeholdermanagement.

Die Projektumfeldanalyse befasst sich mit den folgenden Schlüsselfragen:

- Welche Stakeholder sind vom Projektergebnis betroffen?
- Inwiefern sind diese Stakeholder vom Projektergebnis betroffen bzw. wie wirkt sich das Projektergebnis auf ihre Arbeit oder auf ihr Arbeitsumfeld aus?
- Welche Interessen verfolgen die Stakeholder mit diesem Projekt und welche Erwartungen und Widerstände sind damit verbunden?
- Wie lassen sich die Projektziele mit den Interessen der relevanten Stakeholder bestmöglich vereinbaren?

Eine umfassende erste Projektumfeldanalyse erfolgt am besten noch vor Projektbeginn. Doch stellt sie lediglich eine Momentaufnahme dar und muss im weiteren Projektverlauf wiederholt werden.

Die Projektumfeldanalyse besteht aus vier Teilschritten, die im Folgenden näher beschrieben werden: Stakeholderidentifikation, Bedürfnisermittlung der Stakeholder, Analyse von Einfluss und Interessen und Analyse der Stakeholderbeziehungen.

5.2.1 Stakeholder identifizieren

Zunächst gilt es, die für das Projekt relevanten Stakeholder (Anspruchsgruppen) zu identifizieren. Das Projektumfeld wird aus fachlicher, sozialer, finanzieller und organisatorischer Sicht betrachtet und mit allgemeinen Informationen (Name, Funktion usw.) ergänzt.

Eine mögliche Stakeholdergruppierung zeigt Abb. 5-3.

Abb. [5-3]   Typische Stakeholder eines Projekts

Der Auftraggeber als Einzelperson oder als Gremium gibt den Anstoss für das Projekt. Er definiert die Anforderungen in Form des Projektantrags und -auftrags, bestimmt den Projektleiter und trägt die Gesamtverantwortung für das Ergebnis.

Die Entscheider bilden das Lenkungsgremium für ein Projekt. Sie bestimmen die Projektorganisation, genehmigen die einzelnen Phasen eines Projekts und deren Ergebnisse, sprechen die benötigten Mittel und überwachen die Einhaltung der Projektpläne bzw. entscheiden bei Planabweichungen.

Die Kunden eines Projekts sind zum einen die Anwender als direkt Betroffene, zum andern die Nutzer als die unternehmensinternen oder -externen Personen oder Personengruppen, die vom betreffenden Projekt indirekt profitieren.

Als Sponsoren eines Projekts werden die Projektförderer bezeichnet. Meist handelt es sich dabei um einflussreiche Personen im Unternehmen, die dank ihrer Beziehungen auf der politischen Ebene einen wesentlichen Beitrag zum Projekterfolg leisten. Auch können sie der Projektleiterin dabei behilflich sein, mögliche Konflikte aufzudecken oder Stolpersteine aus dem Weg zu räumen.

Als Opinionleader gelten jene Stakeholder, die einen besonders starken Einfluss auf die Meinungsbildung haben, unabhängig davon, welcher Gruppe sie zugehören. Oftmals ist ihr Einfluss informeller Natur.

Je nach Projekt hat auch die Öffentlichkeit (Behörden, Gesellschaft, Wirtschaft, Medien) bestimmte Interessen am Projekt.

5.2.2 Bedürfnisse und Erwartungen der Stakeholder ermitteln

Nach der Identifikation der projektrelevanten Stakeholder gilt es nun, ihre Bedürfnisse und Erwartungen zu ermitteln. Nebst den offen kommunizierten und / oder klar erkennbaren Bedürfnissen und Erwartungen sind vor allem auch die verdeckten, auf Anhieb vielleicht nicht erkennbaren Bedürfnisse und Erwartungen wichtig zu erfahren.

Beispiel

Die Bedürfnisse der Stakeholder an das Projekt «Umbau Büroräume»:

- **Auftraggeber:** Der Geschäftsleiter (CEO) hält eine Modernisierung der Büroräume für dringend notwendig. Besonders wichtig sind ihm eine den neuesten ergonomischen Erkenntnissen entsprechende Arbeitsplatzgestaltung und die Aufhebung von Einzelbüros zugunsten von Teambüros.
- **Entscheider:** Der Lenkungsausschuss setzt sich aus einem Mitglied der Geschäftsleitung (Finanzchefin), zwei Linienvorgesetzten (Verkauf und Administration) und zwei Mitarbeitervertretern zusammen. Ihnen liegt daran, ein bei allen Betroffenen breit abgestütztes, kostengünstiges Projektergebnis zu erreichen.
- **Kunden:** Während sich die meisten Mitarbeitenden des Unternehmens vom Umbau grössere und hellere Büros versprechen, sträuben sich andere gegen das Projekt, weil sie die Aufhebung von Einzelbüros befürchten. Ausserdem besteht eine langjährige Vereinbarung mit einem im Nebengebäude eingemieteten Unternehmen, die Sitzungszimmer mitzubenutzen. Natürlich begrüssen die betreffenden Verantwortlichen eine Modernisierung, sind jedoch nicht bereit, sich an den Umbaukosten substanziell zu beteiligen.
- **Sponsor:** Der Verwaltungsratspräsident des Unternehmens setzt sich persönlich dafür ein, dass die Büros komplett neu gestaltet und die Sitzungszimmer mit der modernsten technischen Infrastruktur ausgestattet werden.
- **Opinionleader:** Felix Müller gilt als informeller Führer im Verkaufsteam. Felix Müller kritisiert das bevorstehende Umbauprojekt, weil es zentrale Mitarbeiterbedürfnisse zu wenig berücksichtige und stattdessen zu viel Geld in ein «gestyltes» Design fliesse.
- **Öffentlichkeit:** Die Baubehörden erwarten die Einhaltung der Bauvorschriften gemäss dem bewilligten Baugesuch.

Abb. 5-4 fasst typische Bedürfnisse und Erwartungen der vom Projekt unmittelbar betroffenen Stakeholdergruppen Auftraggeber, Entscheider und Anwender zusammen.

Abb. [5-4] Typische Bedürfnisse und Erwartungen von Stakeholdern

Stakeholdergruppe	ist zufrieden, wenn ...
Auftraggeber	• der Projektleiter und das Projektteam die Bedürfnisse und Probleme schnell erkennen. • der Projektauftrag seinen Vorstellungen entspricht. • klar unterscheidbare Lösungen vorgelegt werden (mit ihren Vor- und Nachteilen sowie einer Empfehlung seitens des Projektleiters). • er beim Benutzer wenig Widerstand spürt und die Lösung nicht «per Verordnung» einführen muss.
Lenkungsgremium	• das Projekt klar und nachvollziehbar abgegrenzt ist. • ein effizientes Projektteam eingesetzt wird. • die Kosten und Termine eingehalten werden oder – wenn dies nicht möglich ist – frühzeitig und begründet ein neuer angepasster Plan vorgelegt wird. • der Projektleiter das Projekt im Griff hat und weder angetrieben noch überwacht werden muss.
Kunde	• er in der Lösung Vorteile für sich erkennt, von denen er rasch profitieren kann. • seine Bedürfnisse und Ängste ernst genommen werden. • seine Erwartungen an eine Problemlösung erfüllt werden bzw. viele seiner Vorstellungen und Ideen in der Lösung enthalten sind. • Transparenz darüber herrscht, was aus welchen Gründen nicht realisiert wird. • durch das Projekt neue Potenziale eröffnet werden, die einen zusätzlichen Nutzen bringen. • er in den Erfolg des Projekts mit eingebunden wird. • er in die Qualität der Lösung Vertrauen fassen kann. • auf längere Sicht kein erheblicher Mehraufwand anfällt.

5.2.3 Einfluss und Interesse analysieren

Wichtig für die Projektakzeptanz und somit auch für das Stakeholdermanagement sind der Einfluss und die Interessen der einzelnen Stakeholder bzw. Stakeholdergruppen. In diesem Schritt geht es deshalb darum, deren Einfluss auf das Projekt (in Form von Fähigkeiten, Möglichkeiten und der persönlichen Machtstellung) und deren Interesse am Projekt zu beurteilen.

Die Einfluss-Interessen-Matrix gibt einen guten Überblick über die Einfluss-Interessen-Kombination der Stakeholder.

Abb. [5-5] Einfluss-Interessen-Matrix

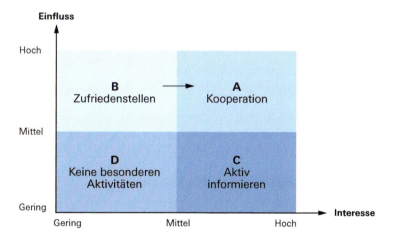

Die Einordnung der Stakeholder in eines der vier Quadrate in der Einfluss-Interessen-Matrix ergibt eine Empfehlung für den Handlungsbedarf im Stakeholdermanagement. In Abb. 5-6 werden die vier Einstufungen vorgestellt.

Abb. [5-6] Handlungsbedarf gemäss der Einfluss-Interessen-Matrix

Quadrant	Erklärung
A] Kooperation	Als Partner in die Planungs- und Entscheidungsprozesse einbinden. Regelmässig, offen und umfassend informieren, persönliche Beziehung aktiv pflegen.
B] Zufriedenstellen	Bei wichtigen Entscheiden beiziehen, persönliche Beziehung pflegen. Diese Stakeholder können das Projekt entscheidend beeinflussen, sind jedoch oft schwierig einzuschätzen, da sie sich eher passiv verhalten. Darum sollte man versuchen, ihr Interesse zu aktivieren und sie aus Quadrant B nach Quadrant A zu bringen. Der Pfeil in der Abb. 5-5 symbolisiert diese Strategie.
C] Aktiv informieren	Regelmässig und adressatengerecht informieren. Das Interesse dieser Stakeholder ist oft persönlich motiviert, weshalb die Einflussmacht dieser «passiven» Gruppe in kritischen Situationen nicht zu unterschätzen ist.
D] Keine besonderen Aktivitäten	Ergebnisorientiert informieren, etwa in Form von Abschlussberichten. Diese Stakeholder haben ein geringes Interesse und gewöhnlich auch geringe Einflussmöglichkeiten auf den Projektverlauf.

Aufgrund der Auswertung der Einfluss-Interessen-Matrix sind bereits erste Ansatzpunkte für geeignete Kommunikationsaktivitäten und -instrumente ersichtlich. Diese können mittels einer Analyse der Stakeholderbeziehungen weiter verfeinert und nötigenfalls noch in die eine oder andere Richtung akzentuiert werden.

5.2.4 Analyse der Stakeholderbeziehungen

Eine erste Grundlage für die Einschätzung der Stakeholderbeziehungen bilden die bisherigen Erfahrungen mit den betreffenden Stakeholdern. Durch gezielte Gespräche und Beobachtungen muss diese Einschätzung erhärtet oder auch widerlegt werden.

Die folgenden Fragen sind dafür hilfreich:

- Wie intensiv ist der Kontakt zu …?
- Wie gestaltet sich die Zusammenarbeit mit …?
- Welche Erfahrungen haben Sie in anderen Projekten mit … gemacht?
- Wie beurteilen Sie die Beziehung zu …?

5.3 Stakeholdermanagementkonzept entwickeln

Im Stakeholdermanagementkonzept werden die konkreten Massnahmen für die einzelnen Stakeholdergruppen gebündelt und übersichtlich dargestellt. Es liefert die Grundlage für die Umsetzung der Massnahmen und ist somit auch ein wichtiger Bestandteil des Projektplans.

Abb. 5-7 stellt einen Auszug aus einem Stakeholdermanagementkonzept dar. Es beantwortet die sechs W-Fragen: Was wer an wen wann wie und wo kommuniziert.

Abb. [5-7] Stakeholdermanagementkonzept – Beispiel

Was?	Wer?	An wen?	Wann?	Wie?	Wo?
Massnahme	Verantwortlich	Empfänger	Zeitpunkt	Instrument(e)	Ort
Erste Präsentation des Projekts	PL	Kunden (Mitarbeitende)	Nach Abschluss der Vorstudie	Mitarbeiterinformation	Hauptsitz
Informeller Kontakt zum Auftraggeber	PL	CEO	Monatlich	Mittagessen	Personalrestaurant
…	…	…	…	…	…

Für die Beziehungspflege mit den verschiedenen Stakeholdergruppen werden zielgruppengerechte Kommunikationsinstrumente ausgewählt. In Abb. 5-8 sind typische interne und externe Kommunikationsinstrumente zusammengestellt.

Abb. [5-8]   Kommunikationsinstrumente für das Stakeholdermanagement

Form	Intern (Beispiele)	Extern (Beispiele)
Geschrieben (gedruckt)	• Projekthandbuch • Projektname, Projektlogo • Projektstatusberichte • Motivationsposter, Stakeholdermap • Schwarzes Brett, Intranet • Interne Mitteilungen, Newsletter	• Presseberichte für Printmedien, Onlineportale • Projektberichte (Projektstatus-, Fachberichte) • Roadmaps • Newsletter, Mailings, Briefe, Broschüren • Internetauftritt, Social Media • Umfragen
Gesprochen, visuell oder audiovisuell	• Kick-off-Meetings, Info-Meetings, Versammlungen, Workshops • Präsentationen, Videos, Podcasts • Events, Einweihungen, Feste • «After-Work-Events» • Betriebsausflüge, interne Betriebsbesichtigungen • Informelle Netzwerke, Befragungen, bilaterale Gespräche	• Sitzungen (Projektausschuss), Info-Meetings • Tagungen (Roadshow, Workshop) • Präsentationen, Videos, Podcasts • Pressekonferenzen • Eröffnungsfeste, Einweihungen, Events • Tag der offenen Tür, Betriebsbesichtigungen • Firmenbesuche, Besucherbetreuung • Persönliche Kontaktpflege, Einladungen
Andere Formen	• Eigener Projektraum • Informations-/Beratungsdienste (Callcenter, Hotline) • Internes Vorschlagswesen	• Lobbying • Schul-, Universitätsbesuche • Sponsoring • Merchandising, Wettbewerbe

5.4 Massnahmen definieren und Umsetzung planen

Der Projektleiter ist verantwortlich für das Stakeholdermanagement und somit auch für die Umsetzung der damit verbundenen Kommunikationsmassnahmen, die sich insbesondere an den Auftraggeber, das Projektteam, die Projektkunden und an die Öffentlichkeit richten.

Abb. [5-9]   Massnahmen für Stakeholdermanagement

Auftraggeber	• Vertrauensvolle Atmosphäre: Auftraggeber regelmässig informieren, ihn dadurch in das Projekt aktiv einbinden und mit den notwendigen Entscheidungsgrundlagen versorgen. • Klarheit über die Projektrisiken: Gemeinsam die Risikostrategie mit den entsprechenden Massnahmen festlegen.
Projektteam	• Kick-off-Meeting: Spielregeln der Zusammenarbeit, der Kommunikation, der Administration und der Dokumentation festlegen. • Regelmässige Sitzungen mit dem Projektteam einberufen. • Zusätzlich informelle Treffen mit einzelnen Projektmitarbeitenden.
Kunden	• Frühzeitig zu Verbündeten machen durch regelmässige Berichterstattung zum Projektverlauf. • Bei internen Kunden eine optimale Unterstützung durch das Management sicherstellen. • Allfällige Berührungsängste abbauen und eine positive Erwartungshaltung aufbauen durch Gelegenheiten zur Begutachtung von Projekt-Teilergebnissen (z. B. Besichtigungen, Pilottage). • Kundenvertreter ins Projektteam und in den Projektausschuss aufnehmen.
Öffentlichkeit	• PR-Konzept (Public Relations) entwickeln aufgrund der Aussenwirkung abgeschlossener Arbeitspakete. Schlüsselfrage dazu: Welche Meilensteine sind besonders öffentlichkeitswirksam und somit auch z. B. für die Presse interessant? • PR-Fachleute bei besonders heiklen, umstrittenen Projekten beiziehen. • Nach aussen hin geschlossen auftreten und dafür sorgen, dass interne Meinungsverschiedenheiten und Konflikte nicht nach aussen getragen, sondern intern gelöst werden.

5.5 Wirksamkeitskontrolle

Vielfach ist es schwierig, die Wirksamkeit einer einzelnen Massnahme einzuschätzen. Deshalb empfiehlt es sich, bei Bedarf zusätzliche spezifische Feedbacks bei ausgewählten Stakeholdern einzuholen oder gezielte Umfragen zu machen. Deren Rücklaufquoten oder die Teilnehmerzahl an Informationsveranstaltungen geben ebenfalls Aufschluss über die Wirksamkeit von Massnahmen.

Aus der Wirksamkeitskontrolle ergibt sich allenfalls ein Anpassungsbedarf für das Stakeholdermanagementkonzept.

5.6 Praxistipps zum Stakeholdermanagement

Ein erfolgreiches Stakeholdermanagement hält sich an die in Kapitel 5.4, S. 55 beschriebenen Massnahmen und befolgt zudem die nachfolgenden sechs Regeln, die aus dem Projektmarketing stammen:

1. Ein Projekt braucht einen Namen: Dieser sollte einprägsam und motivierend sein. Das Logo auf sämtlichen Projektunterlagen visualisiert den Projektnamen.
2. Ein Projekt braucht Unterstützung durch die Geschäftsleitung: Nicht nur die laufende Information über den Projektstand ist wichtig, sondern auch die Botschaft, dass das Projekt ohne die notwendige Unterstützung von «ganz oben» nicht erfolgreich sein wird.
3. Ein Projekt muss bekannt gemacht werden: Veranstaltungen und Kommunikationsmedien, in denen das Projekt vorgestellt wird, fördern die Akzeptanz. Beim Verfassen von Projektberichten ist auf positive Formulierungen zu achten.
4. Ein Projekt muss Anreize und Perspektiven bieten: Projektmitarbeitende müssen Anreize und Perspektiven erhalten, um sich dafür tatkräftig einzusetzen. Warum sollte sich sonst eine gefragte Spezialistin noch mehr Arbeit «aufhalsen»? Motivierend wirkt z. B. die Aussicht, sich aufgrund der Projektleistungen für eine interessante, neue Position qualifizieren zu können.
5. Ein Projekt braucht ein «Wir-Gefühl»: Ähnlich wie im Sport, bei dem der Trainer die Mannschaft vor einem wichtigen Wettkampf in ein Trainingslager einberuft, braucht auch ein Projektteam das gemeinsame Einschwören auf die Ziele und die Entwicklung eines «Wir-Gefühls», z. B. im Rahmen eines Kick-off-Meetings.
6. Ein Projekt braucht «eine Stimme nach aussen»: Gemeinsam mit dem Projektteam muss bereits beim ersten Meeting festgelegt werden, welche Informationen nach aussen dringen dürfen und welche nicht. Ausserdem müssen die Verhaltensregeln in der Projektarbeit aufgestellt werden, so z. B., dass interne Unstimmigkeiten und Konflikte innerhalb des Teams geregelt werden, was unter Verbindlichkeit zu verstehen ist usw. Alle Projektmitarbeitenden müssen sich damit einverstanden erklären.

Zusammenfassung	Das **Stakeholdermanagement** bezweckt, die Akzeptanz des Projekts bei den Stakeholdern zu fördern und sie dafür zu gewinnen, die Projektziele aktiv zu unterstützen. Es ist eine wichtige Aufgabe des Projektleiters in sämtlichen Projektphasen.

Vorgehen	Aktivitäten
Projektumfeldanalyse	• Stakeholderidentifikation und -gruppierung • Bedürfnisermittlung der Stakeholder: Ziele der Stakeholdergruppen bezüglich des Projekts, Ableitung der Anforderungen an das Stakeholdermanagement • Analyse von Einfluss und Interesse und Einstufung des Handlungsbedarfs (Einfluss-Interessen-Matrix) • Analyse der Stakeholderbeziehungen (Stakeholdermap)
Stakeholdermanagementkonzept	• Stakeholdermanagementkonzept entwerfen. • Zielgruppenadäquate interne und externe Kommunikationsinstrumente auswählen.
Umsetzung der Massnahmen	• Massnahmen im Projektplan berücksichtigen. • Massnahmen gemäss Konzept durchführen.
Durchführung und Wirksamkeitskontrolle	• Wirksamkeitskontrolle der Massnahmen als Basis für allfällige Anpassungen nutzen.

Repetitionsfragen

13 Welche Empfehlungen geben Sie für die Stakeholdergruppen S1 bis S4, die in der Einfluss-Interessen-Matrix wie folgt positioniert sind?

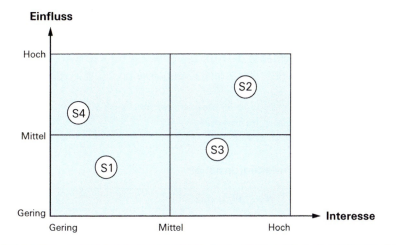

14 Nennen Sie drei Fragen, die nach einer Projektumfeldanalyse beantwortet sein müssen.

15 Welche Stakeholdergruppen sind gemeint?

A] Die vom Projektergebnis direkt betroffenen Stakeholder

B] Einflussreiche Stakeholder, die den Projekterfolg massgeblich fördern können

C] Die vom Projektergebnis indirekt betroffenen Stakeholder, die das Projektergebnis kaum beeinflussen können

6 Information und Dokumentation

Lernziele Nach der Bearbeitung dieses Kapitels können Sie ...

- die Anforderungen an ein Informationskonzept beschreiben.
- ein Projekt anforderungsgerecht dokumentieren.

Schlüsselbegriffe Abschlussdokumentation, Informationskonzept, laufende Projektdokumentation, Standards

Über das Projektinformationssystem werden den verschiedenen Stakeholdergruppen alle für das Projektmanagement wichtigen Informationen verfügbar gemacht. Um den Zugriff auf die benötigten Informationen rasch und zuverlässig zu ermöglichen, ist ein gutes Dokumentationsmanagement wichtig. Es umfasst alle projektinternen und -externen Berichte und Informationen, die im Verlauf des Projekts regelmässig oder auch sporadisch abgegeben werden.

6.1 Ziele und Grundsätze der Projektinformation

Die Ziele der Projektinformation sind die folgenden:

- Informationsflüsse systematisieren.
- Steuerung der Projektarbeit unterstützen.
- Gesetzliche oder interne Informationspflichten erfüllen.
- Informationsbeziehungen transparent machen.
- Methoden und Vorgehen für die Informationsverteilung definieren.
- Informationen standardisieren und klassifizieren.
- Raschen Rückgriff auf die Arbeitsergebnisse sicherstellen.
- Nachvollziehbarkeit aller Arbeitsergebnisse und Entscheide gewährleisten.

Eine professionelle Projektinformation orientiert sich an den drei Grundsätzen: systematisch, gezielt und transparent informieren.

Abb. [6-1]   **Grundsätze der Projektinformation**

Grundsatz	Was heisst das?
Systematisch informieren	• Den Auftraggeber einbeziehen; nicht den Eindruck zu erwecken versuchen, dass das Projekt «von allein läuft». • Dafür sorgen, dass sämtliche Vertreter der betroffenen Fachbereiche an den Projektsitzungen teilnehmen. So lassen sich gegebenenfalls auch Kritiker (Opponenten) zur dauerhaften Unterstützung des Projekts bewegen. • Die Ängste und Bedenken der Kritiker ernst nehmen. Kritiker einbeziehen, um die Chance zu erhöhen, sie als Verbündete zu gewinnen. • An die Kunden des Projektergebnisses denken. Die beste Lösung nützt nichts, wenn sie nicht angewendet oder gar boykottiert wird! • Die vom Projekt betroffenen Personen regelmässig informieren.
Gezielt informieren	• Den Informationsbedarf ermitteln und entsprechend informieren. Zu viele Informationen können genauso problematisch sein wie zu wenige. • Den richtigen Zeitpunkt für eine Information wählen: keinesfalls zu spät, aber auch nicht zu früh. • Das Projekt in einem positiven Licht erscheinen lassen, ohne zu übertreiben oder falsch zu informieren.
Transparent informieren	• Offen und unmissverständlich kommunizieren. Die Informationen sollen eindeutig sein und von allen Stakeholdern klar verstanden werden. • Verständlich informieren, Fachbegriffe einheitlich verwenden und adressatengerechte Informationskanäle einsetzen.

6.2 Projektinformationskonzept

Um das Projektinformationssystem zu konkretisieren, wird ein Informationskonzept entwickelt, idealerweise bei der Initialisierung. Das Informationskonzept ist ein fester Bestandteil des Projektplans und sollte alle Aspekte einer systematischen, gezielten und transparenten Information über das Projekt beinhalten.

Typischerweise ergibt sich die Mehrheit der im Informationskonzept definierten Inhalte aus den Massnahmen des Stakeholdermanagementkonzepts. Unter Umständen kommen jedoch noch zusätzliche Informationsempfänger hinzu.

Abb. [6-2] Inhalte eines Informationskonzepts

Frage	Fragen	Beispiele
Was?	Worüber wird informiert?	Inhalt, Umfang, Detaillierungsgrad
Wer?	Wer ist der Absender der Information?	Informationsverantwortliche Person oder Rolle
An wen?	Wer sind die Empfänger der Information?	Einzelpersonen, Stakeholdergruppen, Gremien
Wann?	Wann wird informiert?	Zeitpunkt, Periodizität, Ankündigung
Wie?	Wie wird informiert?	Instrument bzw. Medium
Wo?	Welcher Rahmen ist für die Information sinnvoll bzw. notwendig?	Ort bzw. Räumlichkeit

Abb. 6-3 zeigt ansatzweise, wie ein solches Informationskonzept aussehen könnte.

Abb. [6-3] Projektinformationskonzept – Beispiel

Was? Informationen	Wer? Absender	An wen? Empfänger	Wann? Zeitpunkt	Wie? Instrument(e)	Wo? Ort
Projektstart	PL	• Kunde(n) • Fachbereichsleiter • Projektausschuss • Kernteam	Während der Projektinitialisierung	• Kick-off-Meeting	Hauptsitz
Fortschritt Arbeitspakete	AP-Verantw.	• PL	Nach Beendigung eines Arbeitspakets	• Sitzung • Bericht	Projektbüro
Testresultate	AP-Verantw.	• PL • Projektteam	Bei Erreichen eines Meilensteins	• Bericht	Projektbüro
Projektstatus	PL	• Auftraggeber • Kunde(n) • Projektausschuss	Nach Abschluss jeder Phase oder spätestens nach drei Monaten	• Projektstatusbericht • Präsentation	Hauptsitz
...	...	...	...	...	...

6.3 Projektdokumentation

Einheitliche Regeln für das Dokumentationssystem eines Projekts gibt es nicht. Diese sind aufgrund der spezifischen Bedürfnisse für jedes Projekt individuell festzulegen. Es versteht sich jedoch von selbst, dass jeder Projektleiter gut daran tut, alle wichtigen Sachverhalte zum Projekt schriftlich festzuhalten.

6.3.1 Standards

Wenn viele Mitarbeitende aus verschiedenen Bereichen an denselben Dokumenten arbeiten oder Zugriff auf solche Dokumente benötigen, braucht es von Anfang an klare Vorgaben und Regeln (Standards).

Diese Regeln richten sich nach den folgenden Fragen:

- **Was** dokumentieren (welche Projektmanagement- und Arbeitsergebnisse)?
- **Wann** dokumentieren?
- **Wie** dokumentieren (Berichte, Dokumentenvorlagen, Versionenmanagement usw.)?
- **Welche Tools** (Hilfsmittel, Vorlagen, Programme usw.) verwenden?
- **Wo** die Dokumentation nach welcher Ablagestruktur speichern?
- **Wie lange** die Dokumentation aufbewahren?
- **Wer** hat welche Zugriffsberechtigungen auf die Dokumentation?

6.3.2 Laufende Projektdokumentation

Zur laufenden Projektdokumentation gehören alle Unterlagen, die während der Projektarbeit entstehen und die folgenden Informationen liefern:

- Projektorganisation (Aufbauorganisation, Entscheidungs- und andere involvierte Gremien)
- Projekt- und Vorgehensziele
- Projektspezifische Regelungen über die Vorgehensweise, die Zusammenarbeit mit anderen Stellen, einzusetzende Instrumente usw.
- Projektplanung: Projektstrukturplan, Zeit-, Kosten- und Ressourcenpläne
- Schriftliche Unterlagen und Berichte des Projektteams
- Protokolle und Beschlüsse des Entscheidungsgremiums

Es empfiehlt sich ebenfalls, alle wichtigen Informationen über den Ist-Zustand, über Schwachstellen und über Lösungskonzepte zu dokumentieren, damit auch Aussenstehende später darauf zurückgreifen und den Projektverlauf nachvollziehen können. Die Regel für ein **angemessenes Dokumentationsmanagement** lautet: So viel und so detailliert wie nötig dokumentieren, nicht so viel wie möglich!

Am zweckmässigsten ist es, die Dokumentation **analog den Projektphasen** (Vorstudie, Grobkonzept usw.) aufzubauen. Innerhalb der einzelnen Projektphasen ist eine Gliederung nach Teilprojekten und innerhalb der Teilprojekte eine solche nach dem Vorgehen zu empfehlen. Wie bereits erwähnt, muss die Systematik aber vor allem dem betreffenden Projekt entsprechen.

Hinweis	Auf das Reporting mithilfe des Projektstatusberichts gehen wir in Kapitel 12.5, S. 115 und auf den Abschlussbericht in Kapitel 15.3.1, S. 131 näher ein.

Zusammenfassung

Das **Projektinformationskonzept** besteht aus den folgenden Bausteinen:

- Absender: Wer informiert?
- Empfänger: An wen wird informiert?
- Inhalt, Botschaft: Was wird informiert?
- Zeitpunkt: Wann wird informiert?
- Instrument, Medium: Wie wird informiert?
- Ort: Wo wird informiert?

Im **Dokumentationsmanagement** muss für jedes Projekt geregelt sein,

- was wann wie dokumentiert wird,
- welche Tools für die Dokumentation verwendet werden,
- wo die Dokumentation gespeichert wird,
- wie lange die Dokumentation aufzubewahren ist und
- wer welche Zugriffsberechtigungen hat.

Die **laufende Projektdokumentation** umfasst alle während der Projektarbeit notwendigen Unterlagen. Ihr Aufbau sollte den Projektphasen entsprechen.

Repetitionsfragen

16	Nennen Sie drei Kriterien eines angemessenen Dokumentationsmanagements in Projekten.
17	Um welchen Grundsatz der Projektinformation geht es bei den folgenden Aussagen?
	A] «Es ist wichtig, sich sehr genau zu überlegen, wer welche Informationen erhalten soll!»
	B] «Informieren heisst auch: Alle müssen dasselbe verstanden haben!»
	C] «Überlege dir den Zeitpunkt der Information gut – er kann entscheidend sein!»

7 Projektorganisation planen

Lernziele Nach der Bearbeitung dieses Kapitels können Sie …

- die wichtigsten Rollen und ihre Hauptaufgaben innerhalb der Projektorganisation nennen.
- eine den Anforderungen eines Projekts entsprechende Projektorganisation vorschlagen.

Schlüsselbegriffe Auftraggeber, Instanz-Ebenen, Matrix-Projektorganisation, Projektausschuss, Projektleiter, Projektmitarbeitende, Projektorganisation, reine Projektorganisation, Stabs-Projektorganisation, Stellen, Teilprojektleiter

Bei der Projektinitialisierung werden spätestens im Zusammenhang mit der Formulierung des Projektauftrags die Bausteine der Projektorganisation definiert. Weil ein Projekt spezifische, oft ungewohnte und zeitlich begrenzte Aufgaben und meist auch eine intensive fach- und abteilungsübergreifende Zusammenarbeit verlangt, ist eine auf das Projekt zugeschnittene Organisation notwendig.

Die Projektorganisation soll das zielgerichtete Zusammenwirken der am Projekt Beteiligten und den reibungslosen Ablauf des Projekts sicherstellen. Ihr Ziel ist demzufolge, während der Dauer des Projekts möglichst stabile Rahmenbedingungen für die Projektabwicklung zu schaffen. Dazu braucht es

- die Bildung zweckmässiger Stellen mit den entsprechenden Aufgaben, Kompetenzen und Verantwortungen und deren Zuordnung zu den Instanz-Ebenen.
- die Wahl einer geeigneten Organisationsform.

In den folgenden Abschnitten erfahren Sie, welche Instanzen und Stellen üblicherweise bei Projekten vorkommen und welche Rolle sie übernehmen.

7.1 Stellen bilden

Weil Projekte zeitlich befristet sind, werden dafür temporäre Stellen gebildet. Jede Stelle umfasst eine bestimmte Anzahl an Aufgaben, die sie gemäss den Arbeitspaketen zu erfüllen hat. Um dazu in der Lage zu sein, brauchen die Projektmitarbeitenden als Stelleninhaber die entsprechenden Kompetenzen (Befugnisse).

Im Rahmen der Projektorganisation definiert die Projektleiterin die einzelnen Stellen, die entsprechenden Anforderungsprofile und die Zusammenarbeit zwischen den verschiedenen Stellen.

Mit diesem Vorgehen wird die Aufbauorganisation des Projekts begründet:

1. Aufgaben aus den Arbeitspaketen zu Projektstellen bündeln und diese bezeichnen.
2. Aufgaben für jede Projektstelle in einer Stellenbeschreibung festhalten.
3. Kompetenzen und Verantwortung jeder Projektstelle definieren.
4. Anforderungsprofil für jede Projektstelle formulieren.

Es lohnt sich, für jede Projektstelle eine Stellenbeschreibung zu verfassen. Diese dient als Orientierungsrahmen für den Stelleninhaber und für die Projektleiterin bei der Suche nach Projektmitarbeitenden und Fachspezialisten. Es empfiehlt sich, auch in Projekten die Aufgaben, Kompetenzen und die Verantwortung der einzelnen Stellen von Anfang an klar zu regeln und schriftlich festzuhalten, weil sich im Projektverlauf meist noch Änderungen ergeben.

In umfangreicheren Projekten ist auch ein Funktionsdiagramm nützlich, mit dem sich die Mitwirkung der einzelnen Projektstellen übersichtlich darstellen lässt. Abb. 7-1 zeigt ein Funktionsdiagramm für die Projektorganisation «CRM-System».

Abb. [7-1] Funktionsdiagramm – Beispiel

Aufgabe	Projektstelle			
	APP	WI	DBS	PL
Layout Benutzeroberfläche definieren.	A	B	–	–
Funktionale Prozesse technisch beschreiben.	–	A	B	–
Logisches Datenmodell beschreiben.	–	A	B	–
Schnittstellen zu ERP-System definieren.	A	B	–	–
Funktionen testen.	A	M	–	–
Technisches Release freigeben.	M	B	–	E / A
…	…	…	…	…

Legende:
Projektstelle: APP = Applikationsentwickler; WI = Wirtschaftsinformatiker; DBS = Datenbankspezialist; PL = Projektleiter.
Mitwirkung der Projektstelle: A = Ausführung; B = Beratung; E = Entscheidung; M = Mitarbeit.

Abb. [7-2] Rollen und Instanzen bestimmen

Nebst der Projektleitung gibt es weitere Aufgabenträger (Instanzen), die bestimmte Aufgaben, Kompetenzen und Verantwortungen innerhalb des Projekts wahrnehmen:

- Die Lenkungsebene ist für die übergeordnete, strategische Steuerung verantwortlich. Ihr gehört der Auftraggeber und gegebenenfalls der Projektausschuss an.
- Die Führungsebene ist für die operative Projektführung zuständig. Ihr gehören die Projektleitung und – bei entsprechendem Bedarf – auch die Teilprojektleitung sowie das Project Office an.
- Die Ausführungsebene sorgt für die operative Abwicklung des Projekts bzw. für die Umsetzung der Projektziele. Ihr gehören die Projektmitarbeitenden an.
- In vielen Projekten kommt noch eine Fachbeteiligungsebene hinzu. Sie besteht aus den Mitarbeitenden der verschiedenen Unternehmens-Fachbereiche, die das Projekt mit ihrem Fachwissen bei Bedarf unterstützen.

Abb. [7-3] Instanz-Ebenen eines Projekts

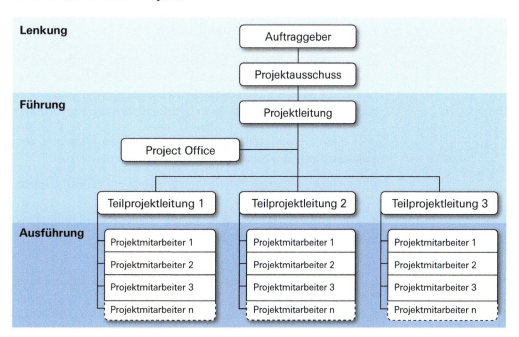

Wie in der Linienführung besteht auch in Projekten eine **Weisungsbefugnis von oben nach unten,** wodurch die Aufgaben, Kompetenzen und Verantwortungen der einzelnen Ebenen klar abgegrenzt werden können. Jede Instanz muss folglich nicht nur ihre eigenen Aufgaben, Kompetenzen und Verantwortungen genau kennen, sondern auch diejenigen der über- und der untergeordneten Instanzen.

Beispiel Der Auftraggeber hat die Kompetenz, mit dem Projektleiter den Projektauftrag abzuschliessen. Er trägt dafür die Verantwortung und darf den Projektauftrag nicht vollumfänglich an den Projektleiter delegieren. Desgleichen darf der Projektleiter den mit dem Auftraggeber vereinbarten Projektauftrag nicht eigenmächtig abändern.

7.1.1 Auftraggeber

Der Auftraggeber ist eine Einzelperson oder eine bestimmte Gruppe von Personen (z. B. die Geschäftsleitung eines Unternehmens). Er nimmt die oberste **Lenkungsrolle** ein, formuliert den Projektauftrag, bestimmt die Projektleitung und kontrolliert den Projektfortschritt laufend.

Der Auftraggeber trägt die **Gesamtverantwortung** für die **Projektergebnisse** (Leistung und Qualität), für die getätigten **Investitionen** (entstandenen Kosten) und für die Einhaltung der **Termine.** Deshalb stehen ihm auch **sämtliche Kompetenzen** für das betreffende Projekt zu.

Zwischen dem Projektleiter und dem Auftraggeber findet ein **regelmässiger Austausch** statt, vor allem über die vereinbarten Projektziele, die Lösungsvarianten, das Auswahl- und Entscheidungsverfahren und über den Projektfortschritt.

Der Auftraggeber nimmt i. d. R. folgende **Aufgaben** wahr:

- Projektantrag und Projektauftrag formulieren.
- Projektleiterin ernennen und einsetzen.
- Aufgaben, Kompetenzen und Verantwortung des Projektleiters definieren.
- Organisationsform des Projekts bestimmen (zusammen mit der Projektleiterin).
- Ziele, Rahmenbedingungen und Restriktionen für das Projekt festlegen.
- Projektfortschritt kontrollieren.
- Entscheidungen (Vernehmlassung der einzelnen Phasen) fällen.
- Projektteam unterstützen (als Promotor).

7.1.2 Projektausschuss

Der Auftraggeber bestimmt das **Lenkungsgremium** für das Projekt. Es setzt sich i. d. R. aus ausgewählten Linienvorgesetzten, Fachverantwortlichen und weiteren am Projekt beteiligten Personen zusammen. Der Projektausschuss entscheidet unter dem Vorsitz des Auftraggebers über die einzelnen **Projektphasen** und kontrolliert den **Projektfortschritt.**

Über diese Lenkungsrolle hinaus übernehmen die Mitglieder des Projektausschusses folgende **zusätzliche Aufgaben:**

- Den eigenen Fachbereich im Projekt vertreten und über wesentliche Projektbelange informieren.
- Den Projekterfolg (Unterstützung der Projektarbeit, Promotor) aktiv beeinflussen.
- Abteilungsübergreifende Koordination sicherstellen.

Hinweis In der Praxis wird der Projektausschuss auch als Lenkungsausschuss, Project Steering Committee oder Steuerungsausschuss bezeichnet.

Auf die Bildung eines Projektausschusses kann der Auftraggeber verzichten, wenn es sich um ein kleineres Projekt handelt und er sich selbst in der Lage sieht, das Projekt zu lenken.

7.1.3 Projektleiter

Der Projektleiter ist beauftragt, das Projekt ziel-, kosten- und termingerecht abzuwickeln. Nebst der Planung und Steuerung des Projekts gehören dazu auch die Mitarbeiterführung, das Stakeholdermanagement sowie die Projektadministration.

In Abb. 7-4 sind die wichtigsten Anforderungen aufgelistet. Dabei wird zwischen der sachbezogenen Leitungsfunktion und der mitarbeiterbezogenen Führungsfunktion unterschieden.

Abb. [7-4] Aufgaben, Kompetenzen und Verantwortung des Projektleiters

	Projektleitungsfunktion	Führungsfunktion
Aufgaben	<ul><li>Projekt initialisieren.</li><li>Projektstruktur erstellen.</li><li>Projekt planen und steuern.</li><li>Projektfortschritt kontrollieren.</li><li>Abnahme der Projektergebnisse organisieren und sicherstellen.</li><li>Ordnungsgemässen Abschluss des Projekts gewährleisten.</li><li>Risiko- und Änderungsmanagement.</li><li>Stakeholdermanagement betreiben.</li><li>Projektdokumentation gewährleisten.</li></ul>	<ul><li>Teilprojektleiter / Mitarbeitende in der Projektarbeit fachlich und disziplinarisch führen.</li><li>Klare und verständliche Aufträge in Form von Arbeitspaketen (inkl. Aufgaben, Kompetenzen und Verantwortungen) zuweisen.</li><li>Spielregeln für die Zusammenarbeit im Projektteam vereinbaren.</li><li>Konfliktsituationen im Projektteam frühzeitig erkennen und einvernehmlich lösen.</li><li>Projektteam für das Projekt begeistern.</li></ul>
Kompetenzen	<ul><li>Entscheidungen im Rahmen des Projektauftrags fällen.</li><li>Bewilligte Ressourcen (Personal, Finanzen, Sachmittel) einsetzen.</li></ul>	<ul><li>Teilprojektleiter / Mitarbeitende ernennen.</li><li>Aufträge im Rahmen des Projektauftrags erteilen.</li><li>Ergebnisse und Leistungen des Projektteams kontrollieren.</li></ul>
Verantwortung	<ul><li>Projektauftrag erfüllen.</li><li>Bewilligte Budgets einhalten.</li></ul>	<ul><li>Motivation und Engagement des Projektteams aufrechterhalten.</li><li>Teilprojektleiter / Mitarbeitende aktiv unterstützen (auch gegenüber Linieninstanzen).</li></ul>

7.1.4 Teilprojektleiter

Bei umfangreicheren Projekten setzt der Projektleiter zusätzliche Teilprojektleiter ein. Sie sind für die Planung und Führung des Teilprojekts inkl. der Mitarbeiterführung und der Teilprojektadministration verantwortlich. Oftmals werden Fachspezialisten als Teilprojektleiter eingesetzt, die auch operative Projektaufgaben übernehmen.

Der Teilprojektleiter nimmt i. d. R. folgende Aufgaben wahr:

- Teilprojekt planen und führen.
- Mitarbeitende fachlich und gegebenenfalls auch disziplinarisch führen.
- Fortschritt der Arbeitspakete kontrollieren.
- Arbeiten, Ergebnisse und Informationen mit anderen Teilprojekten koordinieren.
- Abnahme der Teilprojektergebnisse organisieren bzw. sicherstellen.
- Ordnungsgemässen Abschluss des Teilprojekts gewährleisten.

7.1.5 Project Office

Das Project Office (Projektbüro) entlastet die Projektleitung in administrativen und organisatorischen Belangen. Es führt z. B. Projektpläne nach, koordiniert Sitzungstermine, konsolidiert Statusberichte, verfasst und verwaltet die Sitzungsprotokolle. In Grossprojekten sind meist mehrere Mitarbeitende im Project Office tätig.

7.1.6 Projektmitarbeitende

Die Projektmitarbeitenden erarbeiten in den ihnen zugeteilten Arbeitspaketen die Projektergebnisse. Durch ihre Fachkompetenz und ihr Engagement beeinflussen sie die Qualität, die Kosten und die Termintreue (Faktor Zeit) des Projekts direkt. Ihre konkreten Aufgaben hängen vom jeweiligen Arbeitspaket ab, sind vielfach aber nicht nur ausführende, sondern auch konzeptionelle Aufgaben.

Die Projektmitarbeitenden sollen ihr Know-how einbringen können und den nötigen Gestaltungsspielraum bei der Umsetzung erhalten. Sie unterstützen den Projektleiter in der Vorbereitung von Entscheidungen, in der Entwicklung von Lösungsvorschlägen und informieren ihn regelmässig über den Arbeitsfortschritt, über entstandene Probleme und über Risiken.

7.2 Organisationsformen in Projekten

Je nachdem, ob die an einem Projekt beteiligten Personen ausschliesslich für dieses Vorhaben angestellt oder ob sie vom «regulären Tagesgeschäft» des Unternehmens für die Projektarbeit teilweise oder vollständig abgezogen werden, kommen in der Praxis unterschiedliche Organisationsformen zum Tragen:

- Reine Projektorganisation
- Stabs-Projektorganisation
- Matrix-Projektorganisation

Jede Organisationsform hat ihre typischen Vor- und Nachteile. In der Praxis werden nicht selten auch Mischformen eingesetzt. Besonders die Mischung von reiner Projektorganisation und Matrix-Projektorganisation hat sich bewährt, weil damit die «reguläre» Organisation des Unternehmens nicht beeinträchtigt wird und die Projektmitarbeitenden gleichzeitig ein Optimum an Leistung erbringen können.

7.2.1 Reine Projektorganisation

Diese Organisationsform wird auch autonome Projektorganisation oder Linien-Projektorganisation genannt, weil das Projekt innerhalb des Unternehmens eine eigenständige Organisationseinheit darstellt und die Projektleiterin und die Projektmitarbeitenden ausschliesslich dafür arbeiten. Dies setzt die entsprechenden Führungs- und Fachkompetenzen voraus: Die Projektleiterin verfügt über weitreichende Weisungs-, Entscheidungs-, Kontroll- und Beurteilungsbefugnisse. Bei strategisch wichtigen oder fachbereichsübergreifenden Projekten ist die Leiterin einer solchen Projektorganisation innerhalb der unternehmerischen Hierarchie i. d. R. sehr hoch angesiedelt (z. B. direkt unterhalb der Geschäftsleitung).

Die reine Projektorganisation hat sich besonders bei grossen, langfristigen und / oder komplexen Vorhaben bewährt und ist häufig bei Projekten anzutreffen, bei denen Spezialisten eingesetzt werden (z. B. bei IT- oder Produkt-Entwicklungsprojekten).

Als Voraussetzungen für eine reine Projektorganisation gelten:

- Klar definierte Projektziele und -umfang.
- Das Gesamtprojekt ist so umfangreich, wichtig und dringend, dass es eine Freistellung von Mitarbeitenden rechtfertigt.
- Personalplanung: Vertretungsprobleme der freigestellten Mitarbeitenden lösen und berufliche Zukunft der freigestellten Mitarbeitenden nach dem Projekteinsatz sicherstellen.
- Ausreichende Qualifikationen (Fach-, Führungs-, Sozial- und Methodenkompetenz) des Projektleiters.

Abb. [7-5]   Reine Projektorganisation – Beispiel

Vorteile

- Das Projektteam kann sich voll und ganz auf die Auftragserfüllung konzentrieren, wodurch sich die Projektlaufzeit verkürzt.
- Weniger Ressourcenkonflikte mit den Fachbereichen, da die Projektmitarbeitenden für das Projekt freigestellt sind.
- Zusammenarbeits- und Führungsprobleme lassen sich besser lösen, da der Projektleiter das Projektteam direkt und vollumfänglich führt.
- In einem konstanten Projektteam ist es einfacher, einen echten Teamgeist zu entwickeln.

Nachteile

- Teure Organisationsform mit entsprechend hohem Umstellungsaufwand: Die freigestellten Mitarbeitenden müssen im Fachbereich ersetzt oder vorübergehend vertreten werden und für das Projektteam muss die nötige Infrastruktur (Räume und Sachmittel) separat bereitgestellt werden.
- Die interne Rekrutierung ist oft schwierig, weil die Linienvorgesetzten nicht oder nur ungern auf gute Mitarbeitende zugunsten des Projekteinsatzes verzichten wollen und die berufliche Zukunft der Projektmitarbeitenden möglicherweise ungewiss bleibt.
- Durch die Eigendynamik des Projekts können sich die Mitarbeitenden von ihrer angestammten Fachbereichsorganisation entfremden. Mit der Dauer des Projekts wächst die Gefahr, dass sie die Interessen des Fachbereichs ungenügend vertreten.

7.2.2 Stabs-Projektorganisation

Diese Organisationsform wird auch Einfluss-Projektorganisation oder Projektkoordination genannt. In der Praxis wird diese Organisationsform meist bei kleineren Vorhaben mit kurzer Dauer und / oder geringer Komplexität angewandt. Auch sind diese Vorhaben nicht in Projekte gegliedert.

Der Projektleiter nimmt hierbei lediglich eine Stabsfunktion wahr; er hat gegenüber «seinem» Projektteam keine Weisungs- und Entscheidungsbefugnisse, sondern koordiniert das Projekt ausschliesslich. Seine Aufgabe besteht im Wesentlichen darin, die für Entscheidungen und für die Vergabe von Aufträgen notwendigen Informationen aufzubereiten und in der gewünschten Form sowie zum gewünschten Zeitpunkt dem verantwortlichen Vorgesetzten der Linien-Organisationseinheit zu unterbreiten.

Abb. [7-6] Stabs-Projektorganisation – Beispiel

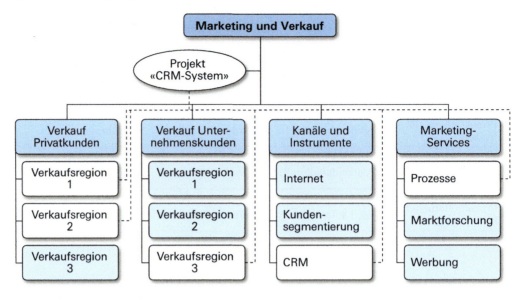

---- Projektmitarbeitende

Vorteile

- Das reguläre Tagesgeschäft der Fachbereiche wird nicht oder nur wenig beeinträchtigt.
- Die organisatorischen Umstellungen sind kostengünstig und zeitlich unproblematisch.
- Die internen Projektmitarbeitenden können einfacher rekrutiert werden, da sie in der angestammten Linienfunktion bleiben.
- Mitarbeitende können in mehreren Projekten aktiv mitwirken.

Nachteile

- Umständliche Entscheidungsvorbereitungen und unklare Kompetenzen erschweren die Projektsteuerung.
- Der Projektleiter muss dauernd um die Kapazitäten «seiner» Projektmitarbeitenden kämpfen. Oft haben das Tagesgeschäft oder andere «wichtige» und «dringende» Linienaufgaben eine höhere Priorität.
- Die personellen Ressourcenprobleme führen nicht selten zu zeitlichen Verzögerungen.
- Vielfach identifizieren sich die Projektmitarbeitenden nur bedingt mit dem Projekt. Meist ist der Projektleiter neben dem Auftraggeber der Einzige, der sich verantwortlich fühlt.

7.2.3 Matrix-Projektorganisation

Meist werden die Projektmitarbeitenden für die Projektarbeit nur teilweise vom «regulären Tagesgeschäft» abgezogen. Daher ist die Matrix-Projektorganisation in der Praxis die am häufigsten eingesetzte Organisationsform der Projektarbeit. Sie hat sich bewährt, weil damit die reguläre Organisation des Unternehmens nicht beeinträchtigt wird und die Projektmitarbeitenden eine optimale Leistung erbringen können.

Bei der Matrix-Projektorganisation bleiben die Projektmitarbeitenden formell den Linienvorgesetzten unterstellt. Für die Dauer des Projekts werden ihre Aufgaben aber in Projekt- und Linienaufgaben aufgeteilt. Der Projektleiter führt die Projektmitarbeitenden im Rahmen der Projektaufgaben. Er hat dafür sämtliche Entscheidungs- und Weisungsbefugnisse.

Die Projektmitarbeitenden haben somit zwei Vorgesetzte, die oft unterschiedliche Interessen verfolgen. Der Linienvorgesetzte kann die Projektarbeit negativ beeinflussen oder das Projekt sogar «torpedieren», wenn er die Interessen des Tagesgeschäfts über die Interessen des

Projekts stellt. Mit solchen **Interessenkonflikten** umzugehen, erfordert von den betreffenden Projektmitarbeitenden eine hohe Selbstständigkeit, Disziplin und Motivation.

Gute Mitarbeitende werden von beiden Seiten stark beansprucht. Dies führt zu einer zeitlichen **Überbelastung** und **Kapazitätsengpässen** bei den Betroffenen. Der Projektleiter und der Linienvorgesetzte müssen deshalb ihre Kapazitätsplanung regelmässig aufeinander abstimmen. Da der Projektleiter längerfristig plant, muss er bei Planungsänderungen rechtzeitig den Linienvorgesetzten informieren.

Abb. [7-7]   Matrix-Projektorganisation – Beispiel

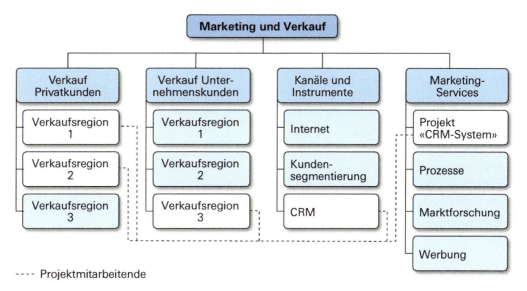

---- Projektmitarbeitende

Vorteile

- Wenig Umstellungsaufwand, da nur wenig in die bestehende Organisation eingegriffen wird.
- Die Akzeptanz der Projektergebnisse durch die Betroffenen ist meist höher als bei der reinen Projektorganisation, weil die Projektmitarbeitenden ihr angestammtes Arbeitsumfeld besser einbeziehen und auch informieren können.
- Optimale personelle Auslastung durch die parallele Linien- und Projekttätigkeit, wobei Vorsicht bei zeitlicher Überbelastung geboten ist.
- Für die Projektaufgaben ist der Projektleiter gegenüber den Projektmitarbeitenden weisungsbefugt.

Nachteile

- Die Projektmitarbeitenden haben zwei Vorgesetzte mit möglicherweise unterschiedlichen Interessen.
- Bei Kommunikations- oder Abstimmungsproblemen zwischen dem Projektleiter und dem Linienvorgesetzten drohen Kapazitätsengpässe bei den Projektmitarbeitenden.
- Konfliktpotenzial zwischen den Anforderungen der Projekt- und der Linienarbeit.
- Der Linienvorgesetzte kann die Projektarbeit negativ beeinflussen oder das Projekt sogar «torpedieren», indem er die Interessen des Fachbereichs bzw. des Tagesgeschäfts über die Interessen des Projekts stellt.

7.2.4 Geeignete Organisationsform wählen

Es gibt keine allgemeingültigen Kriterien dafür, wann welche Organisationsform besser geeignet ist. Diese Entscheidung hängt vielmehr von den **spezifischen Rahmenbedingungen** des Unternehmens sowie des Projekts ab. Abb. 7-8 bringt die Rahmenbedingungen mit der am besten geeigneten Organisationsform in einen Zusammenhang und soll so eine Entscheidungshilfe bieten.

Abb. [7-8] Mögliche Entscheidungskriterien für Organisationsformen

Kriterien	Reine Projektorganisation	Matrix-Projektorganisation	Stabs-Projektorganisation
Bedeutung für das Unternehmen	Sehr gross	Gross	Gering
Grösse des Projekts	Sehr gross	Gross	Klein bis mittelgross
Risiko der Zielerreichung	Hoch	Mittel	Gering
Technologieanspruch	Neu	Hoch	Normal
Projektdauer	Lang	Mittellang	Kurz
Komplexitätsgrad	Hoch	Mittel	Gering
Bedürfnis nach zentraler Steuerung	Sehr gross	Gross	Gering
Mitarbeitereinsatz	Permanent	Teilzeit	Oft nebenamtlich
Anforderungen an die Projektleitung	Hoch qualifiziert, hohe Fach- und Methodenkompetenz	Hoch qualifiziert, hohe Methodenkompetenz	Hohe Anforderungen an die Persönlichkeit

Zusammenfassung

Die Projektorganisation besteht aus

- der Bildung zweckmässiger Stellen (Aufgaben, Kompetenzen, Verantwortungen),
- deren Zuordnung zu den Instanzen und
- der Wahl der geeigneten Organisationsform.

Als Hilfsmittel für eine klare Organisation bieten sich die **Stellenbeschreibung** und das **Funktionsdiagramm** an.

Die wichtigsten **Rollen** in Projekten sind:

Instanzen-Ebene	Rollen
Lenkung	• Auftraggeber: Gesamtverantwortung für das Projekt, Leitung des Projektausschusses • Projektausschuss: Projektsteuerungsgremium
Führung	• Projektleiter: Planung und Führung des Projekts, der unterstellten Teilprojektleiter oder Projektmitarbeitenden • Teilprojektleiter: Planung und Führung des Teilprojekts und der Teilprojektmitarbeitenden • Project Office: administrative und organisatorische Unterstützung der Projektleitung
Ausführung	• Projektmitarbeitende: konzeptionelle und ausführende Aufgaben gemäss Stellenbeschreibung bzw. Auftrag des Projektleiters
Fachbeteiligung	• Teilprojektleiter oder Mitarbeitende aus Fachbereichen: je nach Projekt fachliche Unterstützung oder aktive Mitarbeit im Projekt

Die gängigsten Projekt-Organisationsformen sind:

- **Reine Projektorganisation:** Bildung einer eigenständigen Organisationseinheit; vollumfängliche Führungs- und Managementfunktion des Projektleiters; die eingesetzten Projektmitarbeitenden arbeiten ausschliesslich für das Projekt.
- **Stabs-Projektorganisation:** vollumfängliche Beibehaltung der Linienorganisation; ausschliesslich Koordinationsfunktion des Projektleiters; die Projektmitarbeitenden arbeiten «nebenbei» (d.h. neben ihrer ordentlichen Funktion) für das Projekt.
- **Matrix-Projektorganisation:** Aufteilung der Projekt- und Linienaufgaben; Projektleiter ist im Rahmen des Projektauftrags entscheidungs- und weisungsbefugt; die Projektmitarbeitenden arbeiten sowohl für das Projekt als auch in ihrer ordentlichen Funktion.

Die Wahl der am besten geeigneten Organisationsform hängt von den spezifischen Rahmenbedingungen des Unternehmens und des Projekts ab.

Repetitionsfragen

18 Welche der folgenden Aussagen zur Projektorganisation sind korrekt?

☐	Der Auftraggeber leitet den Projektausschuss.
☐	Der Projektleiter kann dem Project Office die Planungsverantwortung delegieren.
☐	Der Projektmitarbeiter trägt die Ausführungsverantwortung für seine Arbeitspakete.
☐	Der Teilprojektleiter gehört zur Lenkungsebene.
☐	Der Projektleiter trägt die oberste Verantwortung für die Projektergebnisse.

19 Die Geschäftsleitung schlägt als Auftraggeberin für das Projekt «Mitarbeiter-Bonussystem» die Stabs-Projektorganisation vor.

A] Nennen Sie mindestens zwei Argumente, die für diese Organisationsform sprechen.

B] Nennen Sie mindestens zwei Argumente, die für eine andere Organisationsform sprechen könnten, ob für die reine Projektorganisation oder die Matrix-Projektorganisation.

20 Wer in der Projektorganisation trägt die oberste Verantwortung für die Projektergebnisse?

21 Über ein Projekt ist Folgendes bekannt: Das Projekt ist für das Gesamtunternehmen wichtig und imagefördernd. Die Unternehmensleitung als Auftraggeberin wünscht deshalb, dass es zentral gesteuert wird. Verschiedene Unternehmensbereiche sind betroffen, die optimal zusammenarbeiten müssen. Eine autonome Projektorganisation ist nicht notwendig, die Mitglieder des Projektteams sollten jedoch durchschnittlich mindestens zehn Stunden pro Woche für das Projekt aufwenden können. Der Zeitdruck ist mittel bis hoch und das Projekt wird voraussichtlich in rund einem Jahr abgeschlossen sein.

Welche Organisationsform passt zu dieser Beschreibung am besten?

Teil C
Projekte planen

Einstieg

Die Projektplanung findet nicht nur am Anfang eines Projekts oder in einer bestimmten Projektphase statt. Vielmehr ist die Planung eine Daueraufgabe in jedem Projekt und verläuft i. d. R. nicht sequenziell (d. h. Schritt für Schritt), sondern iterativ (d. h. sich wiederholend).

Neue oder zusätzliche Informationen und die Erkenntnisse aus dem bisherigen Vorgehen beeinflussen den weiteren Projektverlauf – unter Umständen auch den Projekterfolg – und müssen daher in die bestehende Planung einfliessen. Sie wird dank dieser laufenden Anpassungen über die (Projekt)zeit hinweg immer konkreter.

Im nachfolgenden Teil lernen Sie die einzelnen Komponenten der Projektplanung näher kennen:

- Im Kapitel 8 wird das zentrale Element jeder Projektplanung, der Projektstrukturplan, behandelt. Darin sind sämtliche im Projekt anfallenden Aufgaben festgehalten, die die Grundlage für die Detailpläne bilden.
- Im Kapitel 9 zeigen wir die wichtigsten Aspekte der Ablauf- und Terminplanung auf. Da Zeit bekanntlich Geld ist, kommt der Ablauf- und Terminplanung auch in Projekten höchste Bedeutung zu.
- Im Kapitel 10 lernen Sie die Grundlagen der Ressourcenplanung kennen, denn die Einhaltung geplanter Termine hängt wesentlich von den einsetzbaren Personal- und Sachmittel-Ressourcen ab.
- Im Kapitel 11 gehen wir auf die Kostenplanung ein, die eng mit der Termin- und der Ressourcenplanung verbunden ist.

8 Projektstrukturplan

Lernziele	Nach der Bearbeitung dieses Kapitels können Sie ... • den Zweck des Projektstrukturplans erklären. • geeignete Gliederungsprinzipien für ein einfaches Projekt vorschlagen. • die Inhaltselemente einer Arbeitspaketbeschreibung nennen.
Schlüsselbegriffe	Arbeitspaket, Funktionsgliederung, gemischte Gliederung, Gliederungsprinzipien, Objektgliederung, Projektphasengliederung, Projektstrukturplan, Strukturelement

In der Projektplanung werden die Projektstruktur, die Abläufe und Termine, die Ressourcen (Einsatzmittel) sowie die Kosten des Projekts geplant. Die Projektziele, das Projektresultat und die Vorgehensmethodik fliessen als Vorgaben ein.

Abb. 8-1 zeigt diese Elemente des Planungsprozesses in der Übersicht.

Abb. [8-1] Planungsprozess

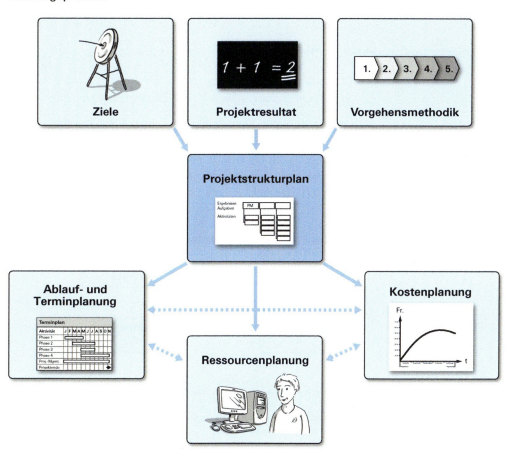

Der Projektstrukturplan liefert die Grundlagen für die weitere Projektplanung. Zunächst wird das Projekt als Gesamtaufgabe stufenweise in Teilaufgaben zerlegt, und zwar so lange, bis man eine Stufe erreicht hat, bei der ein weiteres Zerlegen unnötig oder nicht mehr sinnvoll erscheint. Diese unterste Stufe bezeichnet man als ein Arbeitspaket.

Mit dem schrittweisen Zerlegen ist sichergestellt, dass

- keine Aufgaben übersehen bzw. vergessen werden,
- jede Aufgabe nur einmal bearbeitet wird und
- jede Aufgabe an der logisch richtigen Stelle des Projektablaufs bearbeitet wird.

8.1 Zweck

Der Projektstrukturplan beantwortet die folgenden Fragen:

- Wie gliedern wir das Projekt inhaltlich?
- Welche Funktionen sind im Projekt zu erfüllen?
- Wie bilden wir sinnvolle Arbeitspakete innerhalb des Projekts?
- Welchen Bedarf an Kosten, Ressourcen und Zeit beanspruchen die Arbeitspakete?

Es gibt keine Richtlinie, wie detailliert ein Projektstrukturplan sein muss. Dies hängt vielmehr von den folgenden Einflussgrössen ab:

- Komplexität des Projekts
- Grad der Aufgabenteilung (Spezialisierung)
- Zuweisung von Aufgaben, Kompetenzen und Verantwortlichkeiten an das Projektteam
- Einschätzung des Projektleiters: «Habe ich den Überblick über das ganze Projekt?»

Als «Faustregel» gilt: Wenn klare Arbeitsaufträge möglich sind, ist eine angemessene Strukturierungstiefe gefunden.

Meist muss der Projektstrukturplan im Projektverlauf mehrmals aktualisiert und mit zunehmendem Projektfortschritt auch detaillierter erfasst werden.

8.2 Aufbau

Der Projektstrukturplan erlaubt eine Strukturierung auf bis zu vier Ebenen: Projekt, Teilprojekt, Teilaufgabe und Arbeitspaket. Dabei sollten zwei Grundregeln befolgt werden:

1. **Vom Groben zum Detail:** Beginnen Sie auf der obersten Ebene eines Projekts und erarbeiten Sie die Details stufenweise.
2. **Immer zuerst in die Breite:** Arbeiten Sie jede Ebene zunächst vollständig aus, bevor Sie auf die nächste Ebene gehen. Sonst laufen Sie Gefahr, wichtige Teilaufgaben oder Arbeitspakete zu vergessen und die Übersicht über das Projekt zu verlieren.

Abb. [8-2]   **Aufbau des Projektstrukturplans**

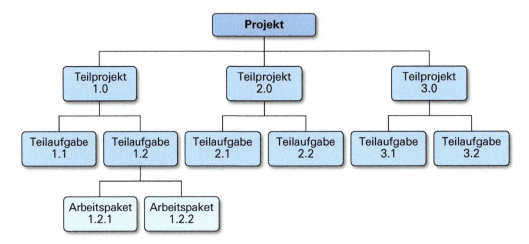

Eine konsequente Gliederung erlaubt es, rasch und gezielt alle Elemente des Projektstrukturplans zu finden, d. h. die Teilprojekte, Teilaufgaben und Arbeitspakete, die für die Planung und Abwicklung des betreffenden Projekts wichtig sind. Diese Elemente werden auch Strukturelemente genannt. Ausserdem erleichtert eine konsequente Gliederung die Kommunikation innerhalb des Projektteams.

Die Strukturelemente sollen **eindeutig identifizierbar** sein. Deshalb werden sie gemäss den Ebenen in der Strukturhierarchie systematisch gekennzeichnet und nummeriert.

Abb. [8-3]   **Strukturelemente kennzeichnen**

Ebene	Nummerierung	
Teilprojekte	1.0	2.0 usw.
Teilaufgaben	1.1, 1.2 usw.	2.1, 2.2 usw.
Arbeitspakete	1.1.1, 1.1.2 usw.	2.1.1, 2.1.2 usw.

8.3 Gliederungsprinzipien

Für die Strukturierung von Projekten sind **vier Gliederungsprinzipien** anwendbar: die Gliederung nach Objekten, Funktionen, Projektphasen und die gemischte Gliederung.

Abb. [8-4]   **Gliederungsprinzipien der Projektstrukturierung**

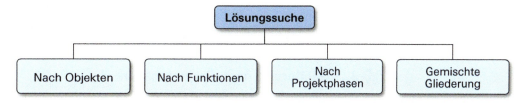

8.3.1 Gliederung nach Objekten

Für diese Gliederung kommen alle **Objekte** infrage, **die im Projekt «bearbeitet»** werden müssen. Bei einem Softwareentwicklungsprojekt können dies einzelne Applikationen oder Systemkomponenten sein, bei einem Marketingprojekt die Kundenzielgruppen und bei einem Organisationsprojekt die Tochtergesellschaften eines Konzerns.

Abb. 8-5 zeigt eine Gliederung nach Objekten für das Projekt «Umbau Büroräume».

Abb. [8-5]   **Gliederung nach Objekten – Beispiel**

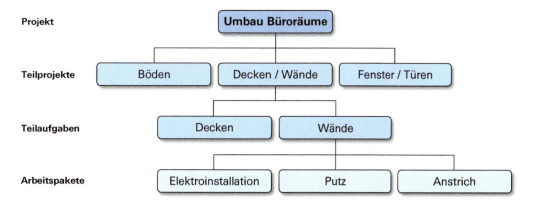

8.3.2 Gliederung nach Funktionen (Verrichtungen)

Für die Gliederung nach Funktionen kommen alle **Tätigkeiten** bzw. **Verrichtungen im Projekt** infrage. Dieses Gliederungsprinzip erweist sich vor allem in **unteren Strukturebenen** als nützlich.

Abb. 8-6 zeigt eine solche Gliederung nach Verrichtungen für das Projekt «Umbau Büroräume»:

- Es gibt eine logische Reihenfolge der Verrichtungen: Planung, Koordination und Kontrolle, Bauen (Innenausbau, Einrichtung, Installationen) und Umzug.
- Bei den Ausführungsarbeiten herrscht eine klare Arbeitsteilung zwischen Spezialisten (Gipsen, Bodenlegen, Malen).

Abb. [8-6] Gliederung nach Funktionen – Beispiel

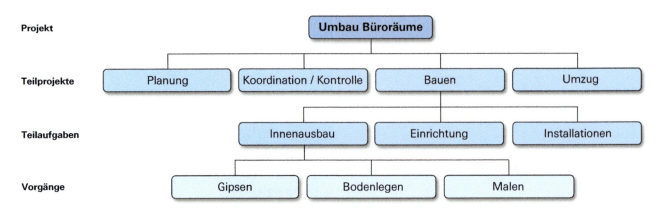

8.3.3 Gliederung nach Projektphasen

Die Gliederung nach Projektphasen richtet sich nach der Vorgehensmethodik im Projekt (wie z. B. des Basis-Phasenkonzepts, s. Kap. 2.1, S. 19).

Abb. 8-7 zeigt die Gliederung nach Projektphasen für das Softwareentwicklungsprojekt «CRM-System».

Abb. [8-7] Gliederung nach Projektphasen – Beispiel

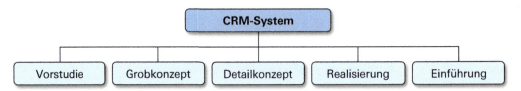

8.3.4 Gemischte Gliederung

In der Praxis werden die vorgestellten Gliederungsprinzipien meist gemischt verwendet, denn meist ist es nicht sinnvoll, ein Projekt durchgängig nach dem gleichen Prinzip zu strukturieren.

Abb. 8-8 zeigt eine mögliche Projektstruktur für das Softwareprojekt «CRM-System» nach dem Prinzip der gemischten Gliederung:

- Die oberste Ebene ist nach den Projektphasen gegliedert.
- Innerhalb der Projektphasen wird entweder das Gliederungsprinzip nach Objekten (beim Projektmanagement) oder nach Funktionen (beim Grobkonzept, Detailkonzept, bei der Realisierung und Einführung) angewendet.

Abb. [8-8] Gemischte Gliederung – Beispiel

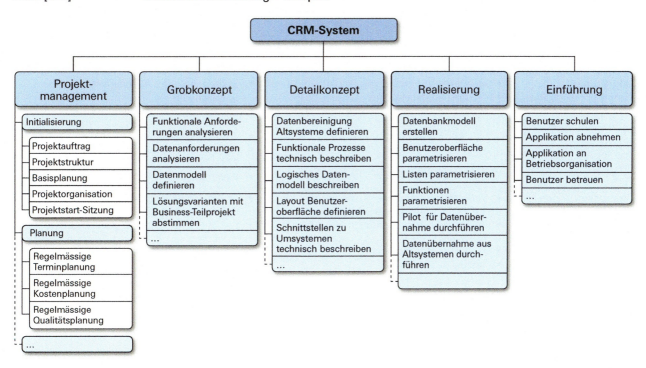

8.4 Arbeitspakete beschreiben

Nach der Strukturierung des Projekts werden in einem nächsten Schritt die einzelnen Arbeitspakete (AP) möglichst genau beschrieben. Ein Arbeitspaket stellt die **unterste Ebene des Projektstrukturplans** dar. Zu diesem Zweck ergänzen die in der Abb. 8-9 aufgeführten Informationen die bereits definierten Projektaufgaben. Erst nach der detaillierten Beschreibung der Arbeitspakete ist eine fundierte Projektplanung möglich.

Die **Vorteile** der sorgfältigen Arbeitspaketbeschreibung liegen auf der Hand:

- Anhand der detaillierten, schriftlichen Informationen sind die Projektmitarbeitenden besser in der Lage, ihr Arbeitspaket **selbstständig zu erledigen,** d. h. entsprechend den Rahmenbedingungen nach eigenem Gutdünken selbst zu organisieren und abzuwickeln.
- Der Projektleiter behält den **Überblick über die delegierten Arbeitspaketaufträge,** die er auch für die Projektfortschrittskontrolle braucht (s. Kap. 12.1.1, S. 102).

Abb. 8-9 zeigt einen Arbeitspaketauftrag für das Projekt «Umbau Büroräume».

Abb. [8-9] Arbeitspaketbeschreibung

Rubrik	Inhalt	Beispiel
Allgemein	• Eindeutige Kennzeichnung des Projekts • Eindeutige Kennzeichnung des Arbeitspakets (AP) • Titel des Arbeitspakets • Verantwortliche Person • Projektleiter als Auftraggeber • Start des Arbeitspakets (Anfangstermin) • Ende des Arbeitspakets (Endtermin)	• Projekt «Umbau Büroräume» • AP: Variantenentwurf Büroaufteilung • Beauftragte(r): Valentin Fischlin, Architekt Fischlin+Schatzmann • Auftraggeber (Projektleiterin): Daniela Gadient • Start AP: 01.04.20xx • Ende AP: 22.04.20xx
Ziele	• Definition der mit diesem Arbeitspaket zu erreichenden Ziele	Die Entwürfe bilden die Entscheidungsgrundlage (Stufe Grobkonzept) für den Bauherrn.
Ergebnis	• Beschreibung des Ergebnisses • Quantität und Qualität des Ergebnisses • Form der Präsentation und Prüfung des Ergebnisses	Erwartet werden 3 Entwürfe (s. Spezifikation v. 26.02.20xx).

Rubrik	Inhalt	Beispiel
Schnittstellen	• Schnittstellen zu anderen Arbeitspaketen im Projekt • Schnittstellen zu Arbeitspaketen in anderen Projekten	• Wünsche / Anforderungen des Bauherrn • Variantenentwürfe Eingangsbereich und Cafeteria
Aktivitäten / Termine / Aufwand	• Teilschritte zur Erledigung des Arbeitspakets • Termine für die einzelnen Teilschritte • Aufwandschätzung für jeden Teilschritt	• Skizzenentwürfe, Ausbaupläne (gemäss Spezifikation) • Entwürfe an Projektleiterin (Termin: 18.04.20xx, 18.00 Uhr) • Korrekturen (Termin: 21.04.20xx, 18.00 Uhr) • Präsentationstermin beim Bauherrn: 22.04.20xx, 16.15 Uhr • Kostentotal für AP: CHF 32 700.00
Voraussetzungen / Restriktionen	• Finanzielle Ressourcen (Kostenbudget für das betreffende Arbeitspaket) • Personelle Ressourcen (wer mit welchem Aufwand?) • Zu beachtende Dokumente • Verfügbare Sachmittel	• Finanzielle Ressourcen: gemäss Offerte V. Fischlin v. 01.03.20xx • Personelle Ressourcen: gemäss Offerte V. Fischlin • Dokumente: s. Schnittstellen bzw. div. Planungsunterlagen an V. Fischlin am 26.02., 06.03., 31.03.20xx
Anhang	• Dokumente • Pläne	Kein Anhang; Dokumente / Planungsunterlagen separat geschickt

Zusammenfassung

Der **Projektstrukturplan (PSP)** entsteht durch die Zerlegung des Projekts in Teilaufgaben. Er dient dazu, die projektbezogenen Aufgaben zu überblicken.

Damit die ermittelten Aufgaben bzw. **Strukturelemente** des Projekts jederzeit eindeutig identifiziert werden können, empfiehlt es sich, diese entsprechend der Strukturhierarchie systematisch zu kennzeichnen.

Es gibt vier **Gliederungsprinzipien:**

1. Die **Gliederung nach Objekten** erfolgt aufgrund der Objekte, die im Rahmen des Projekts «bearbeitet» werden müssen.
2. Für die **Gliederung nach Funktionen** (Verrichtungen) kommen alle Tätigkeiten infrage, die im Rahmen des Projekts verrichtet werden müssen.
3. Bei der **Gliederung nach Projektphasen** werden die Phasen gemäss Vorgehensmethodik als Strukturierungshilfe beigezogen.
4. Die **gemischte Gliederung** vereinigt die Gliederungsprinzipien nach Objekten, Funktionen und / oder Projektphasen.

Arbeitspakete (AP) enthalten die folgenden Informationen:

- Allgemeine Informationen zum Projekt und zum Arbeitspaket
- Ziele des Arbeitspakets
- Erwartetes Ergebnis (qualitativ und quantitativ)
- Schnittstellen zu weiteren Arbeitspaketen
- Aktivitäten, Termine und Aufwandschätzung
- Voraussetzungen und Restriktionen (Ressourcen, Kosten usw.)
- Anhang mit ergänzenden Plänen, Dokumenten usw.

Die Arbeitspakete dienen als **Grundlage für die weitere Projektplanung** und sind die **Arbeitsaufträge** an die Projektmitarbeitenden.

Repetitionsfragen

22 Der Projektleiter des Kongresses «Lernen mit Neuen Medien» weist im Projektstrukturplan die folgende Gliederung aus:

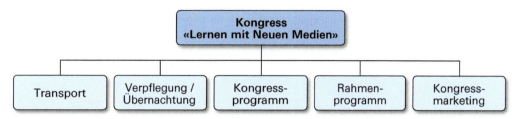

A] Um welches Gliederungsprinzip handelt es sich bei diesem Projekt?

B] Wie beurteilen Sie die gewählte Projektstruktur? Begründen Sie in Stichworten, warum Sie dieses Gliederungsprinzip gutheissen bzw. warum Sie ein anderes Gliederungsprinzip bevorzugen.

23 Cornelia Vetsch leitet das Projekt «Aufbau des Produktmanagements» für einen Möbelproduzenten von Betten, Tischen und Schränken. Die Möbel werden in der gesamten Schweiz sowie in Deutschland und den Niederlanden an ausgesuchte Möbelhandelsgeschäfte verkauft.

Machen Sie Cornelia Vetsch einen Vorschlag, wie sie dieses Projekt sinnvollerweise gliedern könnte, und begründen Sie Ihren Vorschlag in ein paar Sätzen.

24 Cornelia Vetsch weiss nicht genau, wie detailliert sie den Projektstrukturplan entwickeln muss.

Geben Sie ihr einen Ratschlag bezüglich des Detaillierungsgrads.

9 Ablauf- und Terminplanung

Lernziele Nach der Bearbeitung dieses Kapitels können Sie …

- eine beispielhafte Ablauf- und Terminplanung auf ihre Vollständigkeit hin beurteilen.

Schlüsselbegriffe Ablauf- und Terminplanung, Balkendiagramm, Gantt-Diagramm, kritischer Pfad, Meilensteine, MPM-Netzplan, Schätzverfahren, Vorgängervorgänge, Vorgangsliste

Das Ziel der Ablauf- und Terminplanung ist es, die **Reihenfolge der Vorgänge** eines Projekts, ihre **Abhängigkeiten** von anderen Vorgängen sowie die **Start- und Endtermine** jedes einzelnen Vorgangs zu bestimmen. Die Ablauf- und Terminplanung hängt wesentlich von der Qualität des Projektstrukturplans ab, der die Vorgaben liefert.

Der Projektleiter sollte die Ablauf- und Terminplanung keinesfalls allein «im stillen Kämmerlein» machen, denn die Projektmitarbeitenden verfügen i. d. R. über mehr Fachwissen und können den Aufwand realistischer einschätzen. Die **gemeinsame Planung** im Projektteam fördert zudem die Motivation und das Verantwortungsgefühl aller Beteiligten.

Die Ablauf- und Terminplanung anhand des Projektstrukturplans kann in die **drei Hauptschritte** gemäss Abb. 9-1 gegliedert werden.

Abb. [9-1] Ablauf- und Terminplanung

1. Alle im Projektstrukturplan ermittelten **Arbeitspakete** werden logisch miteinander verknüpft, ihre Dauer sowie die jeweils vorausgehenden und nachfolgenden Arbeitspakete bestimmt. Daraus resultiert eine sog. **Vorgangsliste,** die gewöhnlich in tabellarischer Form dargestellt wird.
2. Die Vorgangsliste bietet in vielen Fällen noch zu wenig Übersicht. Deshalb wird im **Netzplan** die logische Abfolge der verschiedenen Arbeitspakete dargestellt. Daraus lässt sich der **kritische Pfad** eines Projekts erkennen.
3. Aus dem Netzplan ergibt sich schliesslich der **Terminplan** mit den konkreten **Anfangs- und Endterminen** der einzelnen Arbeitspakete. Er wird üblicherweise in Form eines **Balkendiagramms** dargestellt.

In diesem Kapitel erfahren Sie, welche Schätzverfahren sich für die Bestimmung der Vorgangsdauer anbieten, wie eine Ablauf- und eine Terminplanung erstellt werden und welche Darstellungstechniken sich dafür eignen.

9.1 Vorgangsliste erstellen

Aus dem Projektstrukturplan ergeben sich alle Arbeitspakete oder **Vorgänge**, die **chronologisch** in eine Vorgangsliste eingetragen werden. In der Regel handelt es sich bei diesen Vorgängen um die einzelnen **Arbeitspakete.** Üblich ist es, jeden Vorgang mit einer Identifikationsnummer (ID) und mit der zugewiesenen Projektmitarbeiterin zu kennzeichnen.

In Abb. 9-2 sehen Sie das Beispiel einer Vorgangsliste für eine Vorstudie.

Abb. [9-2]   Vorgangsliste – Beispiel

ID	Vorgang (Arbeitspaket)	Dauer	Verantw.	Vorgänger
1	Erhebungsplan erstellen		P. Edel	
2	Vorbereitung Interviews		T. Hilbert	
3	Durchführung Interviews		T. Hilbert	
4	Auswertung Interviews		T. Hilbert	
5	Vorbereitung Fragebogen		O. Dillier	
6	Druck und Versand Fragebogen		O. Dillier	
7	Auswertung Fragebogen		O. Dillier	
8	Benutzer-Workshop durchführen		R. Nüssli	
9	Konsolidierung Fragebogen / Interviews		P. Edel	

Bemerkung: Die noch leeren Spalten dieser Vorgangsliste werden in den nächsten Abschnitten sukzessive gefüllt und erklärt.

9.1.1   Vorgangsdauer bestimmen

Die Vorgangsdauer ist die Zeitspanne zwischen Start und Ende eines Arbeitspakets, die benötigt wird, um alle mit dem Arbeitspaket zusammenhängenden Aufgaben vollständig zu erfüllen. Die Vorgangsdauer wird meist in Tagen (manchmal auch in Stunden) festgelegt; bei umfangreichen Arbeitspaketen empfiehlt sich die Angabe in Wochen oder sogar in Monaten.

Berechtigterweise stellt sich die Frage, wie sich der Aufwand und verbindliche Termine schon im Voraus bestimmen lassen. Tatsächlich ist es oft schwierig, die Dauer eines Vorgangs realistisch zu schätzen, denn Unwägbarkeiten gibt es in manchen Projekten. Trotzdem gibt es typische Zusammenhänge bei der Bestimmung der Vorgangsdauer:

- Je detaillierter die Projektstruktur ist, desto genauer kann die Vorgangsdauer eines Arbeitspakets geschätzt werden.
- Je mehr Erfahrung der Projektleiter hat, desto genauer kann er die Vorgangsdauer eines Arbeitspakets einschätzen.
- Je weiter die Projektabwicklung vorangeschritten ist, desto besser wird die Schätzgenauigkeit.

Nachdem Sie die Vorgangsdauer jedes Arbeitspakets bestimmt haben, tragen Sie diese in die Vorgangsliste ein. Beachten Sie dabei: Die Vorgangsdauer (z. B. in Tagen) ist hier entscheidend, nicht der tatsächliche Zeitaufwand der betreffenden Person!

Abb. 9-3 zeigt eine solche Vorgangsliste mit der Vorgangsdauer für ein Beispielprojekt.

Abb. [9-3]   Vorgangsliste – Beispiel Vorgangsdauer

ID	Vorgang (Arbeitspaket)	Dauer	Verantw.	Vorgänger
1	Erhebungsplan erstellen	2 Tage	P. Edel	
2	Vorbereitung Interviews	6 Tage	T. Hilbert	
3	Durchführung Interviews	2 Tage	T. Hilbert	
4	Auswertung Interviews	6 Tage	T. Hilbert	
5	Vorbereitung Fragebogen	4 Tage	O. Dillier	
6	Druck und Versand Fragebogen	12 Tage	O. Dillier	
7	Auswertung Fragebogen	4 Tage	O. Dillier	
8	Benutzer-Workshop durchführen	3 Tage	R. Nüssli	
9	Konsolidierung Fragebogen / Interviews	5 Tage	P. Edel	

9.1.2 Schätzverfahren zur Bestimmung der Vorgangsdauer

Bekanntlich nimmt die Schätzgenauigkeit mit dem Projektfortschritt zu. Mit anderen Worten: Eine bestimmte Vorgangsdauer ist in der Vorstudienphase möglicherweise nur sehr ungenau abschätzbar; laut Praxiserfahrungen ergeben sich Abweichungen zur tatsächlichen Vorgangsdauer bis etwa 50%. In der Realisierungsphase hingegen sollte diese Schätzung weniger als 10% von der Ist-Vorgangsdauer abweichen.

Abb. 9-4 zeigt diesen Zusammenhang zwischen der Abweichung der Schätzgenauigkeit und der fortschreitenden Projektdauer.

Abb. [9-4]   Abweichung der Schätzgenauigkeit im Projektverlauf

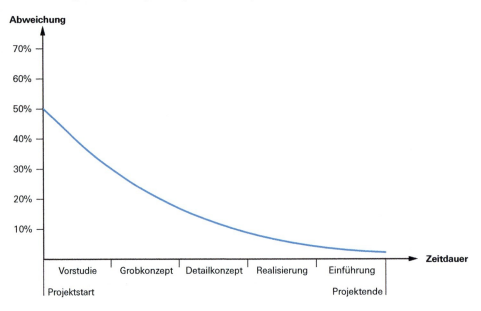

Zur genaueren Bestimmung der Vorgangsdauer werden verschiedene Schätzverfahren angewendet. Häufig basieren sie auf Erfahrungswerten, die für Vergleiche oder für mathematische Berechnungen zugezogen werden.

Abb. 9-5 gibt eine Übersicht über gängige Schätzverfahren.

Abb. [9-5]   Schätzverfahren zur Bestimmung der Vorgangsdauer

Verfahren	Art	Merkmale
Delphi-Methode	Vergleichsverfahren	Systematische Befragung von mindestens zwei Fachspezialisten
Analogieverfahren (Projektvergleich)	Vergleichsverfahren	Vergleich der Vorgangsdauer mit Erfahrungswerten aus ähnlichen Projekten
Dreipunktmethode (Dreizeitenverfahren)	Vergleichsverfahren	Kombination von optimistischer, normaler und pessimistischer Schätzung der Vorgangsdauer
Prozentsatzverfahren (Extrapolation)	Kennzahlenverfahren	Schätzung anhand des definierten Projektverlaufs. Jeder Phase wird aufgrund von Erfahrungswerten ein %-Anteil der Vorgangsdauer zugeteilt.
Standardwert-/ Multiplikatorverfahren	Algorithmisches Verfahren	Auf Standardwerte eines Projekts abgestützt (Beispiele für Standardwerte: Aufwand pro Mitarbeiter, pro Datenbankzugriff)
Funktionsverfahren	Algorithmisches Verfahren	Gewichtung der Softwarefunktionen (wird bei IT-Projekten angewendet)
COCOMO-Verfahren (Abk. für: Constructive Cost Model bzw. konstruktives Kostenmodell)	Algorithmisches Verfahren	Aufwandschätzverfahren für Softwareprojekte: Berechnung des Entwicklungsaufwands nach der Anzahl an Objekten bzw. Codierzeilen, multipliziert mit dem durchschnittlichen Entwicklungsaufwand für einfache, mittelschwere oder komplexe Projekte

Bei der **Auswahl** des Schätzverfahrens empfiehlt es sich, folgende Aspekte zu beachten:

- Das Schätzverfahren soll zu **realistischen Resultaten** führen.
- Das Schätzverfahren soll wenn möglich auf **alle Projektphasen** anwendbar sein.
- Um den Aufwand für die Bestimmung der Vorgangsdauer möglichst gering zu halten, soll das Schätzverfahren leicht zu verstehen und **einfach** zu handhaben sein.
- Die **Schätzresultate** sollen für alle Beteiligten transparent und **nachvollziehbar** sein.

9.1.3 Vorgängervorgänge bestimmen

Mit der Bestimmung der Vorgänger eines Arbeitspakets wird deutlich, welche Vorgänge bzw. Arbeitspakete **voneinander abhängig** sind. Sie ist wichtig für die Ablaufplanung. Die Vorgänger lassen sich anhand folgender Frage ermitteln: Welche **Resultate / Ergebnisse** müssen **vorliegen,** bevor mit dem vorliegenden Arbeitspaket begonnen wird?

Beachten Sie dabei die folgenden beiden Punkte:

- Der **erste Vorgang** hat keinen Vorgänger (und der letzte keinen Nachfolger). Werden beim Start des Projekts mehrere Vorgänge gleichzeitig in Angriff genommen, so haben mehrere Vorgänge keine Vorgänger.
- Als Vorgänger können nicht nur Vorgänge im eigenen Projekt, sondern auch Vorgänge **aus anderen Projekten** bzw. aus dem Gesamtprojekt auftreten. Die Bestimmung solcher Vorgänge ist wichtig, um die Abhängigkeiten zwischen verschiedenen Projekten aufzudecken und die betroffenen Vorgänge besser aufeinander abzustimmen.

Abb. 9-6 zeigt die Vorgangsliste unseres Beispielprojekts, nachdem die Vorgängervorgänge bestimmt und erfasst wurden.

Abb. [9-6]   **Vorgangsliste – Beispiel**

ID	Vorgang (Arbeitspaket)	Dauer	Verantw.	Vorgänger
1	Erhebungsplan erstellen	3 Tage	P. Edel	
2	Vorbereitung Interviews	6 Tage	T. Hilbert	1
3	Durchführung Interviews	2 Tage	T. Hilbert	2
4	Auswertung Interviews	6 Tage	T. Hilbert	3
5	Vorbereitung Fragebogen	4 Tage	O. Dillier	1
6	Druck und Versand Fragebogen	12 Tage	O. Dillier	5
7	Auswertung Fragebogen	4 Tage	O. Dillier	6
8	Durchführung Benutzer-Workshop	3 Tage	R. Nüssli	3
9	Konsolidierung Fragebogen / Interviews	5 Tage	P. Edel	4, 7, 8

Bemerkung zur Vorgangsliste: In diesem Beispiel startet z. B. die Vorbereitung der Interviews und der Fragebogen gleichzeitig und die Durchführung der Interviews muss vor dem Benutzer-Workshop abgeschlossen sein.

9.2 Netzplan erstellen

Der Netzplan ist die **grafische Darstellung** der **chronologisch angeordneten Vorgänge** (Arbeitspakete) aus der Vorgangsliste. Damit stellen Sie sicher, dass jedes Arbeitspaket sichtbar wird. Gleichzeitig können Sie auf diese Weise die Abhängigkeiten von den Ergebnissen aus anderen Projekten bzw. aus dem Gesamtprojekt aufzeigen.

9.2.1 Netzplantechnik auswählen

In der Praxis existieren mehrere Netzplantechniken. Am weitesten verbreitet sind sog. Vorgangsknoten-Netzpläne, wie z. B. die «Metra-Potenzial-Methode» (kurz: MPM). Der Vorteil dieser Darstellungsform liegt darin, dass alle Informationen zu einem Vorgang in einem Knoten beschrieben sind.

Im MPM-Netzplan sind folgende Informationen pro Vorgang von Bedeutung:

- Bezeichnung des Vorgangs bzw. Arbeitspakets
- Dauer
- Frühester Anfangszeitpunkt (FA)
- Spätester Anfangszeitpunkt (SA)
- Frühester Endzeitpunkt (FE)
- Spätester Endzeitpunkt (SE)

Diese Zeitpunkte werden meist in Anzahl Tagen angegeben und in die Vorgangsknoten des betreffenden Ablaufplans eingetragen. Anfangszeitpunkte verstehen sich im Folgenden jeweils als der Beginn eines Tages, Endzeitpunkte als das Ende eines Tages. Abb. 9-7 zeigt die schematische Darstellung eines Knotens im MPM-Netzplan.

Abb. [9-7]   **Darstellung der Vorgangszeiten im Knoten im MPM-Netzplan (Schema)**

FA	Vorgangs-bezeichnung	SA
FE	Dauer	SE

FA = frühester Anfangszeitpunkt   SA = spätester Anfangszeitpunkt
FE = frühester Endzeitpunkt   SE = spätester Endzeitpunkt

Der gesamte Netzplan wird nun aufgebaut, indem schrittweise jeder Vorgang – beginnend beim Anfangsknoten – eingetragen wird. Die Abhängigkeiten werden über Pfeile markiert:

- Über die Vorwärtsrechnung werden im nächsten Schritt – erneut wird beim Anfangsknoten begonnen – nun die jeweils frühesten Anfangs- und frühesten Endzeitpunkte eingetragen. Beim letzten Knoten angekommen ist der früheste Endtermin ersichtlich.
- In der anschliessenden Rückwärtsrechnung werden im letzten Knoten die spätesten Zeitpunkte gleich den frühesten Zeitpunkten gesetzt und nun die jeweils spätesten Zeitpunkte der Vorgänger bestimmt (durch Rückwärtsrechnung gegen die Pfeilrichtung).

9.2.2 Vorgänge auf dem kritischen Pfad erkennen

Vorgänge auf dem kritischen Pfad verschieben das Projektende, sobald eine Terminabweichung gegenüber der Planung erfolgt.

Vorgänge auf dem kritischen Pfad sind daran zu erkennen, dass im betreffenden Knoten der früheste und der späteste Anfangszeitpunkt (FA und SA) sowie der früheste und der späteste Endzeitpunkt (FE und SE) jeweils identisch sind.

Abb. 9-8 zeigt den Ablaufplan und die Vorgangszeiten unseres Beispiels als MPM-Netzplan. Können Sie die Vorgänge auf dem kritischen Pfad erkennen?

Abb. [9-8]   Darstellung des kritischen Pfads im MPM-Netzplan – Beispiel

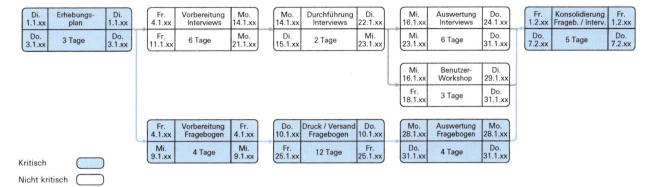

Kritisch
Nicht kritisch

Beispiel

- Die Informationen in den einzelnen Knoten entsprechen dem Schema in Abb. 9-7, die Vorgänge und deren Dauer der Vorgangsliste in Abb. 9-6.
- In diesem MPM-Netzplan werden arbeitsfreie Zeiten (Feiertage und Wochenenden) berücksichtigt. Der Vorgang «Vorbereitung Fragebogen» z. B. kann erst am 9.1.xx (FE / SE) beendet werden, weil am Wochenende vom 5. / 6.1.xx nicht gearbeitet wird.
- Da der Endzeitpunkt (FE / SE) eines Vorgangs jeweils am Abend des betreffenden Tags ist, kann der Anfangszeitpunkt (FA / SA) des nächsten Vorgangs erst am darauffolgenden Tag sein, so z. B. der Vorgang «Druck / Versand Fragebogen» am 10.1.xx.

Konsequenzen für die Vorgänge, die sich auf dem kritischen Pfad befinden:

Sobald einer der Vorgänge auf dem kritischen Pfad – Erhebungsplan erstellen (ID1), Vorbereitung Fragebogen (ID5), Druck und Versand Fragebogen (ID6), Auswertung Fragebogen (ID7) und Konsolidierung Fragebogen / Interviews (ID9) – länger oder weniger lange dauert, verschiebt sich automatisch auch die Gesamtdauer des Projekts (hier: 27 Tage). Terminverschiebungen bei diesen Vorgängen sind daher kritisch und wirken sich unmittelbar und vollumfänglich auf das frühestmögliche Ende des Projekts aus.

Mit anderen Worten: Wird ein kritischer Pfad «begangen», bestehen bei den betroffenen Vorgängen keine Zeitreserven mehr. Eine Terminverschiebung kann dann nur noch wettgemacht werden, indem bei den Nachfolge-Vorgängen die entsprechende Zeit wieder eingespart wird (z. B. durch Aufstockung personeller Ressourcen). Dies ist aber nicht bei allen Vorgängen möglich oder sinnvoll und ist meist auch mit zusätzlichen Kosten verbunden.

Hinweis   Erfahrungen aus der Praxis zeigen, dass Terminverschiebungen bei Projekten meist nicht durch einen einzelnen Vorgang verursacht werden, sondern mehrere Vorgänge betreffen. Aus diesem Grund zeigen punktuelle «Aufholaktionen» auch nur selten die gewünschte Wirkung.

9.3   Terminplan erstellen

Das Balkendiagramm ergänzt die Netzplantechnik, indem es die zum gleichen Zeitpunkt (parallel) durchzuführenden Vorgänge einfach und übersichtlich visualisiert. Dazu werden die Vorgänge als Balken und die Meilensteine als Rauten auf der Zeitachse eingetragen. Damit möglichst viel Raum für die Zeitachse bleibt, werden pro Vorgang nur wenige Informationen angezeigt (meist nur die ID, Bezeichnung und Dauer des Vorgangs).

Das Balkendiagramm wird auch Gantt-Diagramm nach seinem Erfinder Henry L. Gantt (1861–1919) genannt. Da es einfach zu erstellen und leicht zu verstehen ist, wird es für die Darstellung von Ablaufplänen häufig verwendet. Mithilfe von Pfeilen lassen sich zusätzlich die Abhängigkeiten zwischen einzelnen Vorgängen und die Vorgänge auf dem kritischen Pfad kennzeichnen (im Beispiel von Abb. 9-9 als hellere Balken).

Abb. 9-9 zeigt ein Balkendiagramm für unser Beispielprojekt.

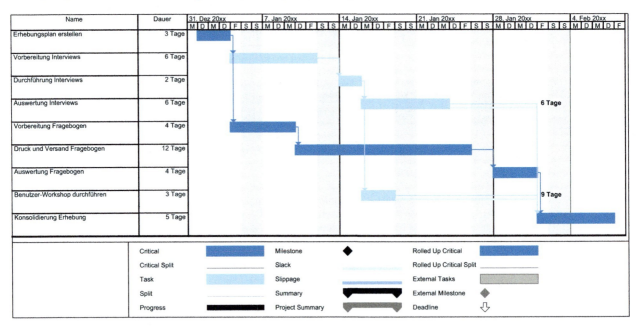

Abb. [9-9] Balkendiagramm (Terminplan) – Beispiel

Hinweis

Im Zusammenhang mit der Terminplanung wird auch von «Critical Chain» gesprochen. Bei dieser Methode werden die Zeiten der einzelnen Vorgänge bewusst ohne übermässigen Puffer geschätzt. Stattdessen wird ein Zeitpuffer für das gesamte Projekt aufgebaut, der von allen Vorgängen gebraucht werden kann, die die Zeit überschreiten. Untersuchungen haben gezeigt, dass man auf diese Weise die Projektdauer um zweistellige Prozentwerte reduzieren kann, ohne deswegen Einbussen an Kosten oder Qualität zu erleiden.

Critical Chain wird in diesem Lehrmittel nicht weiter behandelt. Für interessierte Lesende verweisen wir auf das Standardwerk von Eliyahu Goldratt: Die Kritische Kette (Campus Verlag).

Zusammenfassung

Das Ziel der Ablauf- und Terminplanung ist, die Reihenfolge der Vorgänge eines Projekts, ihre Abhängigkeiten von anderen Vorgängen sowie die Start- und Endtermine jedes einzelnen Vorgangs zu bestimmen.

Vorgangsliste erstellen	• Vorgänge (Arbeitspakete) chronologisch anordnen. • Vorgangsdauer bestimmen. • Vorgängervorgänge bestimmen.
Netzplan erstellen	• Vorgangsliste grafisch darstellen. • Kritischen Pfad ermitteln.
Terminplan erstellen	• Vorgangsliste im Balkendiagramm grafisch darstellen. • Meilensteine ermitteln.

Um die Ablauf- und Terminplanung übersichtlich und einprägsam zu visualisieren, haben sich in der Praxis die Netzplantechnik und das Balkendiagramm als geeignete Darstellungsformen erwiesen. Das Balkendiagramm wird oftmals auch für die Kommunikation über den Projektfortschritt mit den Entscheidungsgremien eingesetzt.

Repetitionsfragen

25 Warum muss die Schätzung der Vorgangsdauer spätestens mit der Ablaufplanung abgeschlossen werden? Als Antwort genügt ein Satz.

26 Was zeigt der kritische Pfad in der Netzplan-Technik?

27 Timo Reichlin, der Projektleiter des Kongresses «Lernen mit Neuen Medien», stellt fest, dass er sein Projekt besser strukturieren muss, um den Überblick zu behalten. Als Grundlage für die Ablaufplanung hat er vorerst einzelne Arbeitspakete bestimmt, in die Vorgangsliste eingetragen und die Arbeitspaket-Verantwortlichen bestimmt.

ID	Vorgang (Arbeitspaket)	Dauer (Tage)	Verantw.	Vorgänger
P3.1	Grobkonzept für Kongressprogramm entwerfen (Varianten)		R. Weibel	
P3.2	Detailkonzept für Kongressprogramm erstellen		R. Weibel	
P3.3	Referenten aufbieten		T. Reichlin	
P3.4	Dokumentation zu den Referaten zusammenstellen		N. Cotti	
P3.5	Detailkonzept für Podiumsdiskussion erstellen		G. Lukesch	
...	...		...	

Ausserdem hat er eine Grobschätzung des jeweiligen Zeitaufwands vorgenommen:

- **P3.1:** Entwurf: 7 Tage; Präsentation: 1 Tag; Entscheidung / Vernehmlassung: 5 Tage; Korrekturen: 3 Tage (Total-Aufwand R. Weibel: 11 Tage)
- **P3.2:** Entwurf: 3 Tage; Präsentation: 1 Tag; Entscheidung / Vernehmlassung: 5 Tage; Detailkorrekturen: 1 Tag (Total-Aufwand R. Weibel: 5 Tage)
- **P3.3:** Kontaktaufnahme: 2 Tage; Wartezeit für Rückmeldung: 10 Tage; Verhandlungen / Briefing: 4 Tage (Total-Aufwand T. Reichlin: 6 Tage)
- **P3.4:** Referatstexte einfordern: 30 Tage; redaktionelle Überarbeitung: 3 Tage; grafische Gestaltung (extern): 2 Tage; Gut zum Druck: 2 Tage; Aufwand der Druckerei: 4 Tage (Total-Aufwand N. Cotti: 5 Tage)
- **P3.5:** Entwurf: 4 Tage; Entscheidung / Vernehmlassung: 3 Tage; Detailkorrekturen: 1 Tag; Briefing der Moderatorin: 1 Tag (Total-Aufwand G. Lukesch: 6 Tage)

A] Vervollständigen Sie die Spalte «Dauer» in Timo Reichlins Vorgangsliste.

B] Bestimmen Sie für die Arbeitspakete P3.1 bis P3.5 die Vorgänger und tragen Sie diese in der entsprechenden Spalte ein.

10 Ressourcenplanung

Lernziele	Nach der Bearbeitung dieses Kapitels können Sie ... • die Ressourcenplanung für ein einfaches Projektbeispiel vornehmen.
Schlüsselbegriffe	Kapazitätsgruppen, personelle Ressourcen, Ressourcenbedarf, Ressourcenplan, Sachmittel-Ressourcen

Der Projekterfolg hängt massgeblich von den für die Arbeitspakete effektiv zur Verfügung stehenden Ressourcen an **Personal** und **Sachmitteln** ab. Zu wenige und / oder falsch eingesetzte Ressourcen gelten in der Praxis als der wohl grösste Stolperstein für Unternehmensprojekte. Daher ist es wichtig, **für jedes Arbeitspaket** eine realistische Ressourcenplanung zu machen: In welchem Umfang sind welche Ressourcen zu welchem Zeitpunkt notwendig, damit der Terminplan eingehalten werden kann?

Hinweis	Als **personelle Ressourcen** gelten alle Mitarbeiterleistungen sowie die Leistungen externer Fachleute, die für ein Projekt beansprucht werden. Unter **Sachmittel-Ressourcen** versteht man alle weiteren, nicht personenbezogenen Ressourcen, wie z. B. Maschinen-, Hardware- und Softwarekapazitäten, Rohstoff- und Materialeinsatz, Raum- und Fahrzeugbeanspruchung usw.

Eine sorgfältige Ressourcenplanung beantwortet die folgenden **Fragen:**

- Welche Personal- und Sachmittel-Ressourcen werden aufgrund der bisherigen Planung (Strukturplanung, Ablauf- und Terminplanung) für das Projekt **benötigt?**
- Welche Personal- und Sachmittel-Ressourcen sind für das Projekt **verfügbar?**
- Wo / wann entstehen **Kapazitätsengpässe?**

Die Ressourcenplanung setzt sich aus den drei **Teilschritten** gemäss Abb. 10-1 zusammen.

Abb. [10-1] **Ressourcenplanung**

Bedarf ermitteln → Ressourcen evaluieren → Ressourcenplan erstellen

10.1 Ressourcenbedarf ermitteln

Der Bedarf an Personal- und an Sachmittel-Ressourcen in den einzelnen Arbeitspaketen wird in einer tabellarischen Bedarfsübersicht konsolidiert.

10.1.1 Arbeitspakete analysieren

Zunächst müssen Sie die einzelnen Arbeitspakete genauer analysieren, und zwar nach folgenden Kriterien:

- Welche **Aktivitäten** umfasst das Arbeitspaket?
- Welche (Teil-)**Ergebnisse** muss das Arbeitspaket liefern?

Der aus den Arbeitspaketen ermittelte **Ressourcenbedarf** wird gewöhnlich in der **Vorgangsliste** (s. Kap. 9.1, S. 82) schriftlich erfasst, die zu diesem Zweck um die Spalten «Personal» und «Sachmittel» zu ergänzen ist.

10.1.2 Bedarf an Projektleitungsressourcen berücksichtigen

In die Ressourcenplanung gehört auch der Aufwand für die Projektleitungsaufgaben. Bei komplexeren Projekten und grösseren Projektteams ist er beträchtlich. Zudem belastet er das Zeitmanagement des Projektleiters, der daneben auch noch seine angestammten Linienaufgaben erledigen muss.

Für die Projektleitungsaufgaben in mittelgrossen Projekten mit einer Matrix-Projektorganisation gilt folgender Erfahrungswert: Der Projektleitungsaufwand beträgt etwa 20–25% der gesamthaft geplanten Personalressourcen.

10.1.3 Bedarfsübersicht erstellen

Nachdem Sie sämtliche Arbeitspakete analysiert und die erforderlichen Ressourcen ermittelt haben, gliedern Sie diese in einer Bedarfsübersicht so, dass die benötigten Kapazitäten für gleichartige Ressourcen zusammengefasst ersichtlich sind.

Die Gliederung hängt vom Projekt ab; die gleichartigen Ressourcen bilden dabei sog. Kapazitätsgruppen. Eine Trennung der Personal- und Sachmittel-Ressourcen schafft Transparenz und hilft bei der Zuweisung der Rekrutierungs- bzw. der Evaluationsaufgaben.

Abb. 10-2 zeigt auszugsweise eine Bedarfsübersicht am Beispielprojekt «CRM-System».

Abb. [10-2]   **Bedarfsübersicht – Beispiel**

Art	Kapazitätsgruppe	Arbeitspakete (ID)	Kapazität[1]
Personal	IT-Spezialist	P3.1, P3.2, P3.4	30
	Benutzervertreter Verkauf	P3.1, P3.4	15
	Projektleiter	Alle	45
...	...	...	...
Sachmittel	Projektmanagement-Tool	Alle	240
	Sitzungszimmer	P2.1, P3.1, P3.3, P4.2	11
...	...	...	...

[1] Anzahl der Zeiteinheiten (Tage, Wochen, Monate), die für den Einsatz notwendig sind.

Hinweis   Besonders bei grösseren Projekten empfiehlt es sich, als Evaluationsgrundlage im Anschluss an die Bedarfsermittlung die Stellenbeschreibungen für die erforderlichen Personalressourcen sowie die Pflichtenhefte für die benötigten Sachmittel auszuarbeiten.

10.2 Ressourcen evaluieren

Zur Deckung des Personal- und Sachmittelbedarfs sind die am besten geeigneten Mitarbeitenden und Sachmittel auszuwählen. Bei den Personalressourcen bestimmen die Art und der Umfang der Arbeitspakete, ob es nebst den internen auch externe Mitarbeitende braucht.

10.2.1 Rekrutierung des Projektteams

Grundsätzlich bestehen bessere Chancen für einen Projekterfolg, wenn qualifizierte interne Mitarbeitende verpflichtet werden können. Dies bedingt allerdings deren Freistellung von angestammten (Linien)aufgaben zugunsten der Projektaufgaben.

Die Verfügbarkeit der gewünschten internen Mitarbeitenden muss der Projektleiter mit den verantwortlichen Linienvorgesetzten frühzeitig ausloten. Dabei ist gleichermassen Überzeugungskraft und Vorsicht gefragt:

- Überzeugungskraft, um den Projektnutzen für die Linienorganisation und das Unternehmen insgesamt glaubhaft zu vermitteln.
- Vorsicht ist insofern geboten, als die am besten qualifizierten Personen für die Projektarbeit meist auch jene sind, die in der Linienarbeit als unentbehrlich gelten. Die Linienvorgesetzten schlagen sie deshalb nicht freiwillig für die Projektarbeit vor, sondern bevorzugt solche Mitarbeitende, die sie besser entbehren könnten. Diesen Interessenkonflikt muss der Projektleiter mit den Linienvorgesetzten lösen und dabei auch auf die Unterstützung des Auftraggebers zählen können.

Wenn die Linienvorgesetzten grundsätzlich einverstanden sind, führt der Projektleiter mit den potenziellen Projektmitarbeitenden persönliche Gespräche, um deren Bereitschaft und die notwendigen Voraussetzungen für die Mitwirkung im Projekt genauer zu klären:

- Ist diese Person gewillt und auch kompetent, die Projektaufgabe zu übernehmen?
- In welchem zeitlichen Umfang kann diese Person für das Projekt arbeiten?
- Welche speziellen Voraussetzungen müssten für diese Person bei einer Zusage geschaffen werden?

Bei einem Einsatz in einer reinen Projektorganisation, bei der die Mitarbeitenden ausschliesslich für das Projekt arbeiten (s. Kap. 7.2.1, S. 66), empfiehlt sich überdies eine entsprechende Anpassung des Anstellungsvertrags. In einem solchen Fall sind die Fachspezialisten aus dem Personalmanagement beizuziehen.

Bei der externen Rekrutierung von Projektmitarbeitenden ist fallweise zu entscheiden, ob diese für die Dauer des Projekts und evtl. auch länger vom Unternehmen angestellt oder als Freelancer (d.h. als freischaffende Mitarbeitende) verpflichtet werden. Ein schriftlicher Arbeitsvertrag ist in beiden Fällen erforderlich.

10.2.2 Auswahl der geeigneten Sachmittel

Aus der Bedarfsermittlung ergeben sich die Sachmittelkapazitäten, die rechtzeitig und für den gesamten Bedarfszeitraum bereitgestellt sein müssen. Je nach Projekt ist die Evaluation der Sachmittel ebenfalls ein Schlüsselerfolgsfaktor für den effizienten Projektverlauf und somit auch für die Projektkosten.

Beispiel
- Softwareentwicklungsprojekt: Ohne die notwendigen System- und Softwareressourcen kann das Projekt nicht plangemäss realisiert werden.
- Umbauprojekt: Wenn z.B. das Baugerüst nicht rechtzeitig oder nicht lange genug reserviert wurde, drohen erhebliche zeitliche Verzögerungen bzw. Mehrkosten.

10.3 Ressourcenplan erstellen

Im Ressourcenplan wird festgehalten, welche Kapazitäten aus der Bedarfsübersicht wofür und zu welchem Zeitpunkt im Projekt einzusetzen sind. Er ist besonders wichtig, wenn es voraussichtlich schwierig wird, die erforderlichen Personen rechtzeitig verfügbar zu haben.

Der Personaleinsatzplan zeigt auf, welche personellen Kapazitäten für welches Arbeitspaket wie lange benötigt werden. Kapazitätsengpässe können so frühzeitig erkannt und bei Bedarf wirksam ausgeglichen oder zumindest abgefedert werden.

Als Darstellungsform eignet sich dafür das Ressourcen-Belastungsdiagramm, das nebst der Dauer des Ressourceneinsatzes auch die Belastung einzelner Ressourcen sichtbar macht.

Abb. 10-3 zeigt ein Ressourcen-Belastungsdiagramm für das Projektbeispiel «CRM-System». Die Nummer in den Kästchen entspricht jeweils der ID des betreffenden Arbeitspakets.

Abb. [10-3] Ressourcen-Belastungsdiagramm – Beispiel

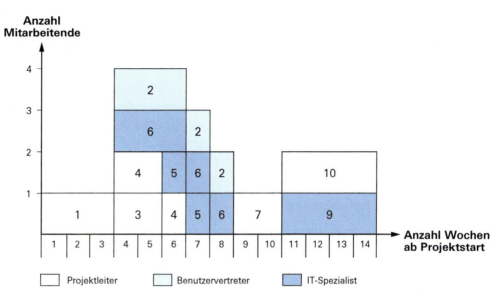

Beispiel	In den Wochen 1 bis 3 wird der Projektleiter für das Arbeitspaket 1 benötigt, in den Wochen 4 bis 6 insgesamt vier Mitarbeitende, nämlich der Projektleiter für das Arbeitspaket 3 und 4, der Benutzervertreter für das Arbeitspaket 2 und der IT-Spezialist für die Arbeitspakete 5 und 6.

Wie kann man absehbare Kapazitätsengpässe ausgleichen? Indem man die in den Arbeitspaketen vorhandenen **Zeitpuffer** jener Arbeitspakete nutzt, die sich nicht auf dem kritischen Pfad befinden. Folglich verschieben sich die betreffenden Arbeitspakete auf der Zeitachse, und zwar so, dass ein **Kapazitätsausgleich** erreicht wird, ohne den Endtermin des gesamten Projekts zu gefährden. Die auf dem Markt erhältlichen **Projektmanagement-Tools** unterstützen solche Optimierungsaufgaben sehr gut.

Zusammenfassung	Die Einhaltung des Terminplans hängt massgeblich von der **Ressourcenplanung** der im Projekt benötigten personellen Ressourcen und Sachmittel ab.
Bedarf ermitteln	• Arbeitspaketanalyse: Ressourcen (Personal und Sachmittel) ermitteln. • Bedarfsübersicht erstellen.
Ressourcen evaluieren	• Geeignete Mitarbeitende rekrutieren (intern und extern). • Geeignete Sachmittel auswählen.
Ressourcenplan erstellen	• Einsatz von Personal und Sachmitteln den Arbeitspaketen zuordnen. • Kapazitätsengpässe ermitteln und frühzeitig für Kapazitätsausgleich sorgen.

Repetitionsfragen

28	Nennen Sie dem Projektleiter für den Kongress «Lernen mit Neuen Medien» mindestens drei Argumente, die für eine sorgfältige Planung des Sachmittels «Kongressort» sprechen.
29	Zählen Sie anhand eines konkreten Projektbeispiels mindestens zwei Schwierigkeiten auf, die sich bei der internen Rekrutierung von Projektmitarbeitenden ergeben.

11 Kostenplanung

Lernziele	Nach der Bearbeitung dieses Kapitels können Sie ... • für ein einfaches Projekt einen Kostenplan entwerfen.
Schlüsselbegriffe	Kostenarten, Kostenplan, Kostenstellen, Kostenträger

Bei der Kostenplanung werden sämtliche Kosten, die mit der Projektabwicklung entstehen, geschätzt und nach bestimmten Kriterien strukturiert. Eine realistische Kostenplanung basiert auf einer sorgfältigen Termin- und Ressourcenplanung. Sie erfolgt in drei Schritten: Kosten ermitteln, Kostenarten zuweisen und Kostenplan erstellen.

Abb. [11-1]   Kostenplanung

Die Kostenplanung macht die Wechselwirkungen mit der Termin- und insbesondere mit der Ressourcenplanung deutlich.

Beispiel

Aufstockung personeller Ressourcen

Die Ressourcenplanung zeigt eindeutig, dass die vorhandenen personellen Ressourcen nicht ausreichen, um die Terminvorgaben des Auftraggebers zu erfüllen. Die Projektleiterin beantragt zusätzliche personelle Ressourcen für eine fristgerechte Abwicklung des Projekts. Falls diese bewilligt werden, erhöht sich das Projekt-Kostenbudget automatisch. Andererseits führt die zeitgerechte Abwicklung des Projekts wahrscheinlich zu Kosteneinsparungen in anderen Bereichen.

Kürzung personeller Ressourcen

Der Projektausschuss beschliesst, aufgrund von neuen Projektprioritäten das Kostenbudget für das vorliegende Projekt um 15% zu kürzen. Dies erfordert einen Abbau der geplanten personellen Ressourcen. Der Projektleiter ist gezwungen, die Terminplanung zu überarbeiten.

11.1 Kosten ermitteln

Zunächst werden die Kosten pro Arbeitspaket ermittelt. Dabei bietet es sich an, die bestehende Vorgangsliste aus der Ressourcenplanung zur Hand zu nehmen und die voraussichtlichen Kosten für die benötigten Ressourcen zu berechnen. Dies geschieht i. d. R. anhand des geplanten Mengengerüsts (z. B. der Anzahl Mitarbeitertage, Maschinenstunden, Software-Lizenzen, Flächenquadratmeter usw.). Die geplante Menge wird mit dem Preis pro Einheit multipliziert und dem entsprechenden Arbeitspaket zugeordnet.

Abb. 11-2 zeigt die Kosten für ein Arbeitspaket des Projekts «Umbau Büroräume».

Abb. [11-2] Kosten für ein Arbeitspaket – Beispiel

Kostenart	Menge	Kosten pro Menge (in CHF)	Summe Kosten (in CHF)
Personalkosten intern: Projektleitung Projektmitarbeiter	6 PT 5 PT	1 200.00 1 000.00	7 200.00 5 000.00
Personalkosten extern: Architekt: V. Fischlin	10 PT	1 800.00	18 000.00
Materialkosten: Dokumentation	6 Expl.	100.00	600.00
Raumkosten: Sitzungszimmer	5 Std.	80.00	400.00
Sonstige Kosten: Baueingabegebühren	Pauschal	1 500.00	1 500.00
Kostentotal für AP			32 700.00

Legende: PT = Personentage.

11.1.1 Grundlagen der Kostenrechnung

Die Kostenplanung ist Teil der Kostenrechnung und ist somit eng mit dem betrieblichen Rechnungswesen verknüpft.

Abb. [11-3] Teilaspekte der Kostenrechnung

Frage	Erläuterung	Fachbegriff
Was?	Welche Kosten entstehen?	Kostenarten
Wo?	Wo entstehen die Kosten?	Kostenstellen
Wofür?	Wofür entstehen die Kosten?	Kostenträger

- Die Kostenarten werden oft nach Art ihrer Entstehung eingeteilt. Darunter fallen unter anderem Personalkosten, Materialkosten, Kapitalkosten (z. B. Abschreibungen, kalkulatorische Zinsen, Steuern) oder Fremdkosten (Kosten für Dienstleistungen Dritter, wie z. B. Beratungshonorare).
- Die Bewilligung und Verrechnung der Finanzmittel erfolgt über Kostenstellen. Diese spiegeln somit die Verteilung der Kosten auf einzelne Unternehmens- bzw. Organisationsbereiche wider, und zwar gemäss den unternehmensspezifischen Richtlinien.
- Im Rahmen eines Projekts stellen das Gesamtprojekt, die Teilprojekte und die Arbeitspakete Kostenträger dar. Die Kostenträger eines bestimmten Projekts sind im jeweiligen Projektstrukturplan ersichtlich.

Beispiel Beim Umbau der Cafeteria (= Kostenstelle) fallen unter anderem Personal- und Materialkosten an (= Kostenarten), die dem Projekt «Büroräume» (= Kostenträger) belastet werden.

11.1.2 Kostenarten bestimmen

Um eine möglichst grosse Transparenz zu erhalten, empfiehlt es sich, die Kosten nicht nur nach Personal- und Sachmittelkosten aufzuteilen, sondern gemäss ihrer Entstehung feiner zu gliedern.

Repetitionsfragen

30 Erklären Sie den Unterschied zwischen direkten und indirekten Personalkosten anhand eines Beispiels.

31 Der Projektleiter des Kongresses «Lernen mit Neuen Medien», Timo Reichlin, beschäftigt sich mit der Kostenplanung für sein Projekt. Beantworten Sie seine beiden Fragen.

A] «Welche Kostenarten muss ich im Arbeitspaket P3.3 (Referenten aufbieten) berücksichtigen, in denen voraussichtlich Kosten für folgende Aktivitäten entstehen werden?
- Telefonische Kontaktaufnahme mit den vorgesehenen Referenten
- Einladung der vorgesehenen Referenten zu einem gemeinsamen Mittag- oder Abendessen (von T. Reichlin anlässlich der Besprechung des Kongresskonzepts)
- Honorarverhandlungen für Referat inkl. Reise- und Übernachtungsspesen
- Briefing der Referenten (Besprechung)»

B] «Mir ist klar, dass ich den Kostenplan zum einen nach Kostenarten gliedern soll. Können Sie mir einen konkreten Vorschlag für ein zweites Gliederungskriterium machen?»

Teil D
Projekte steuern und abschliessen

Einstieg

Die Projektleiterin des Software-Entwicklungsprojekts «CRM-System» weiss aus Erfahrung, dass sich die Projektziele und somit auch der Projekterfolg nicht allein durch die umsichtige und flexible Projektplanung erreichen lassen. Oft hat sie erlebt, dass Unvorhergesehenes die Pläne über den Haufen geworfen und ein Projekt ins Schlingern gebracht haben.

Eine gute Projektleiterin setzt nebst ihren soliden Methodenkenntnissen auch ihr gutes Gespür und ihr Einschätzungsvermögen für die Auswirkungen laufender Ereignisse und ihre ausgeprägten Führungskompetenzen im gesamten Projektverlauf ein. Darüber hinaus kennt sie den Wert eines konsequenten Controllings für die umsichtige Projektsteuerung.

Im folgenden Teil lernen Sie die Bedeutung der Projektsteuerungsinstrumente kennen, damit Sie diese in Ihren Projekten gezielt einsetzen können, und ausserdem die im Zusammenhang mit dem Projektabschluss anfallenden Projektleitungsaufgaben:

- Im Kapitel 12 die für ein wirksames Projektcontrolling einzusetzenden Methoden und Darstellungstechniken
- Im Kapitel 13 einige zentrale Aspekte, die es beim Änderungsmanagement in Projekten zu beachten gilt
- Im Kapitel 14 die Schlüsselfragen des Risikomanagements in Projekten
- Im Kapitel 15 die Anforderungen an einen ordnungsgemässen Projektabschluss und an eine gesicherte Übergabe der Projektlösung in den produktiven Betrieb

12 Projektcontrolling

Lernziele

Nach der Bearbeitung dieses Kapitels können Sie ...

- die Bedeutung und den Aufbau des Controllingprozesses bei Projekten erklären.
- für ein einfaches Projektbeispiel die geeigneten Steuerungsinstrumente vorschlagen.
- den Inhalt eines Projektstatusberichts nennen.

Schlüsselbegriffe

Abweichungsursachen, Arbeitsfortschritt, Arbeitsfortschritts-Vergleichsdiagramm, Arbeitspaketbericht, Balkendiagramm, Cost Performance Index, Earned Value, Fertigstellungsgrad, Kostenstand, Kostenvergleich, Projektstand, Projektstatusbericht, Qualitätsstand, Ressourcen-Soll-Ist-Diagramm, Scheduled Performance Index, SPI-CPI-Diagramm, Steuerungsmassnahmen, Terminstand, Terminvergleich

---

Nur ein laufend nachgeführter Projektplan liefert eine verlässliche Grundlage für das zielgerichtete Projektcontrolling. Allerdings wird es kaum ein Projekt geben, bei dem der Plan vollständig aufgeht. Im Gegenteil, meist sieht man sich im Projektverlauf mit der Tatsache konfrontiert, dass die festgestellten Ist-Werte von den geplanten Soll-Werten abweichen. Hier setzt das Projektcontrolling ein. Es umfasst zwei sich ergänzende Aufgaben:

- Den Projektfortschritt überwachen.
- Bei Abweichungen oder Problemen mittels Korrekturmassnahmen steuernd in den weiteren Projektverlauf eingreifen.

Abb. 12-1 zeigt den Projektcontrollingprozess im Überblick.

Abb. [12-1] Projektcontrollingprozess

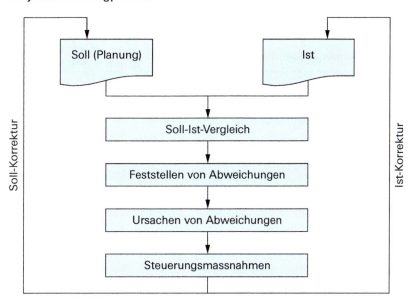

- Die Erhebung der Ist-Situation (des Projektfortschritts) liefert die Grundlage für den Soll-Ist-Vergleich.
- Durch den Soll-Ist-Vergleich werden die Abweichungen zwischen der Planung (Soll) und der Ist-Situation des Projekts ermittelt.
- Als Grundlage für die Entwicklung geeigneter Steuerungsmassnahmen braucht es in der Folge eine Ursachenanalyse der Abweichungen.
- Die Steuerungsmassnahmen zielen grundsätzlich darauf ab, die Differenz zwischen dem Soll und dem Ist möglichst klein zu halten. Dabei unterscheidet man zwischen Soll- und Ist-Korrekturmassnahmen.

Der Kreislauf verdeutlicht, dass das Projektcontrolling zyklisch erfolgt, als Daueraufgabe im Projektmanagement gilt und eng mit der Projektplanung verknüpft ist.

In diesem Kapitel behandeln wir deshalb zunächst die bekanntesten Instrumente der Ist-Aufnahme und des Soll-Ist-Vergleichs. Danach stellen wir einige typische Steuerungsmassnahmen vor.

12.1 Ist-Situation des Projekts erheben

Eine wirksame Projektsteuerung beruht auf einer möglichst realistischen Einschätzung des tatsächlichen Projektfortschritts. Ihn genau zu ermitteln, ist jedoch schwierig, da man vielfach die geleistete Arbeit nicht «objektiv» messen kann. Üblicherweise wird der aktuelle Projektstand pro Arbeitspaket erhoben, doch besteht selbst hier ein erheblicher Interpretationsspielraum und somit auch die Gefahr von Fehleinschätzungen.

12.1.1 Arbeitsfortschritt melden

Zur Rückmeldung des Arbeitsfortschritts gehören eine konkrete Aussage über den Fertigstellungsgrad des jeweiligen Arbeitspakets und über Probleme oder Schwierigkeiten im Vorgehen, im Team, in der Zusammenarbeit mit externen Partnern usw.

Im Folgenden stellen wir Ihnen die wichtigsten Instrumente vor, die für die Rückmeldung des Arbeitsfortschritts in der Praxis verwendet werden.

Abb. [12-2] Rückmeldung des Arbeitsfortschritts

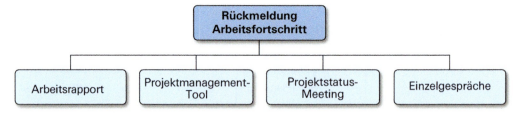

A] Arbeitsrapport (Arbeitspaketbericht)

Auf Basis der Arbeitspaketaufträge erfolgt eine schriftliche Rückmeldung über den Arbeitsfortschritt mit mindestens folgenden Informationen:

- Geleistete Stunden
- Erwarteter Restaufwand für dieses Arbeitspaket
- Erwarteter Endtermin
- Aufgetretene Probleme bei der Ausführung

B] Projektmanagement-Tool

Die Projektmitarbeitenden erfassen den Arbeitsfortschritt direkt im Projektmanagement-Tool, das auch für die Planung und Auswertung verwendet wird. Dies hat den Vorteil, dass die Daten nicht nochmals manuell nachgetragen werden müssen.

C] Projektstatus-Meeting (Projektteamsitzung)

Das Projektteam trifft sich regelmässig zu Sitzungen, in denen die Projektmitarbeitenden über den Stand ihrer Arbeit, über aufgetretene Probleme und Entscheide berichten. Ausserdem ergibt sich die Gelegenheit, die anstehenden Arbeiten zu koordinieren.

Wenn an der Sitzung nur mündlich berichtet wird, ist diese Form der Statusermittlung meist zu wenig konkret. Deshalb geben die Projektmitarbeitenden zusätzlich noch einen **schriftlichen Arbeitspaketbericht** ab.

Regelmässige Projektteamsitzungen sind wichtig für die **Teambildung,** weil nebst den Sachinformationen auch die **«weichen» Informationen** ausgetauscht werden, so z. B. Schwierigkeiten in der Zusammenarbeit mit Fachbereichen, Lieferanten oder innerhalb des Projektteams. Diese Probleme würden wohl in keinem schriftlichen Bericht so offen formuliert werden. Der **Austausch auf informeller Ebene** an den Teamsitzungen erleichtert überdies auch die Projektkoordination.

D] Einzelgespräche

Auch in der Zusammenarbeit im Projekt braucht es regelmässige Einzelgespräche zwischen dem Projektleiter und den Projektmitarbeitenden. Denn oft kommen erst in Einzelgesprächen die tatsächlichen **Schwierigkeiten** auf den Tisch. Bei dieser Gelegenheit erhält der Projektleiter überdies ein besseres Bild von der **Qualität der Arbeiten,** die er direkt einsehen kann.

12.1.2 Feststellung des Fertigstellungsgrads

Der Fertigstellungsgrad ist die Massgrösse für den **inhaltlichen Arbeitsfortschritt;** er wird typischerweise in Prozenten angegeben. Für die Feststellung des Fertigstellungsgrads gibt es mehrere Methoden:

- Subjektive Einschätzung
- Hochrechnung aufgrund der bisher geleisteten Stunden
- Methode «0%–100%»
- Methode «0%–50%–100%»
- Definition von Zwischenresultaten

A] Subjektive Einschätzung

Die subjektive Einschätzung des Fertigstellungsgrads eines Arbeitspakets führt in der Praxis häufig zum **«99%-Syndrom»:** Der Fertigstellungsgrad wird bei jedem Rapport etwas höher eingeschätzt als beim letzten Rapport. Im Projektverlauf wird der Fertigstellungsgrad aber viel **zu optimistisch eingeschätzt,** denn nicht selten braucht man 40% der gesamten Zeit für die letzten 10% des Arbeitsvolumens. Somit wird ein Arbeitspaket viel später abgeschlossen als vorgesehen. Verstärkt wird diese Problematik, weil für die Einschätzung keine Massstäbe vorliegen.

B] Bisher geleistete Stunden und noch zu leistende Stunden

Aufgrund der Berechnung der bisher geleisteten Stunden schätzt man die noch zu leistenden Stunden ein, und zwar nach der folgenden Formel:

$$\% \text{ fertig} = \frac{\text{bisher geleistet}}{(\text{bisher geleistet} + \text{geschätzter Restaufwand})} \cdot 100$$

Diese **Hochrechnung** führt in der Praxis zu etwas besseren Resultaten als die rein subjektive Einschätzung.

C] Methode «0% – 100%»

Die **angefangenen Arbeitspakete** werden grundsätzlich mit **0%** und erst nach der definitiven **Fertigstellung** mit **100%** bewertet.

Falls es im Projekt viele kleinere Arbeitspakete gibt und nur an wenigen Arbeitspaketen gleichzeitig gearbeitet wird, hat sich diese Methode vor allem auf der Gesamtprojektebene bewährt.

D] Methode «0% – 50% – 100%»

Dabei handelt es sich um eine **Verfeinerung der Methode «0% – 100%»**. Die Arbeitspakete werden wie folgt bewertet:

0%	Noch nicht begonnen
50%	In Arbeit, aber noch nicht abgeschlossen
100%	Abgeschlossen

Falls es im Projekt viele Arbeitspakete gibt und deren Bearbeitung erst angefangen hat, fällt das Resultat dieser Methode zu optimistisch aus.

E] Definition von Zwischenresultaten

Ein Arbeitspaket **in mehrere Abschnitte zerlegt**. Das Erreichen jedes Abschnitts wird durch ein klar definiertes «Deliverable» (Lieferprodukt) markiert. Jeder Abschnitt entspricht einem im Voraus abgemachten **Fertigstellungsgrad.**

Diese Methode führt zu realistischen Einschätzungen, ist aber auch sehr aufwendig und wird darum in der Praxis eher selten angewendet.

Abb. [12-3]   **Definition von Zwischenresultaten**

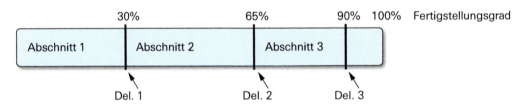

Kommentar: In diesem Projekt entspricht das Lieferprodukt 1 (als «Del. 1» bezeichnet) einem Fertigstellungsgrad von 30% usw.

12.1.3 Ist-Situation des Projekts konsolidieren

Die erhobenen Daten werden zu einem aktuellen **Projektstand** konsolidiert (d. h. verdichtet). Dieser gibt Auskunft über den Fortschritt in den folgenden Punkten: Termine, Fertigstellung, Kosten und Qualität.

A] Terminstand konsolidieren

Den Terminstand zu ermitteln, bereitet i. d. R. keine Mühe, weil er auf den einzelnen Arbeitspaketberichten der Projektmitarbeitenden basiert. Diese Ist-Situation wird auf die Projektphasen, die Teilprojekte, das Gesamtprojekt und auf die Meilensteine verdichtet.

Aus dem **Terminplan** ist ersichtlich,

- welche Arbeitspakete zu welchem Zeitpunkt (bzw. in welcher Berichtsperiode) **abgeschlossen sein sollten,**
- welche Arbeitspakete zu welchem Zeitpunkt (bzw. in welcher Berichtsperiode) **abgeschlossen wurden,**
- bei welchen Arbeitspaketen **Terminabweichungen** bestehen und in welcher Berichtsperiode der Abschluss erwartet wird.

B] Fertigstellungsgrad konsolidieren

Aufgrund der Einschätzungen auf Arbeitspaketebene werden in diesem Konsolidierungsschritt die Fertigstellungsgrade auf die Projektphasen, auf die Teilprojekte und auf das Gesamtprojekt anteilsmässig kumuliert, wie in Abb. 12-4 beispielhaft dargestellt.

Abb. [12-4]   Fertigstellungsgrad Vorstudie – Beispiel

Phase	Arbeitspaket	Anteil an Phase	Fertigstellungsgrad	Anteil × Fertigstellungsgrad
Vorstudie	Interviews durchführen	10%	100%	10.0%
	Interviews auswerten	10%	100%	10.0%
	Stärken / Schwächen analysieren	15%	50%	7.5%
	Chancen / Risiken ermitteln	10%	80%	8.0%
	Lösungsvarianten skizzieren	25%	20%	5.0%
	Varianten bewerten	15%	0%	0.0%
	Entscheidungspräsentation vorbereiten	10%	0%	0.0%
	Entscheidungspräsentation durchführen	5%	0%	0.0%
Total Phase Vorstudie		(100%)	–	40.5%

C] Kostenstand konsolidieren

Die Ermittlung des Kostenstands basiert ebenfalls auf den Arbeitspaketberichten. Es kommen gegebenenfalls Abrechnungsbelege (Spesen usw.) und die Rechnungen der externen Mitarbeitenden oder Partner hinzu. Dabei ist zu beachten, dass die Kostensituation zeitlich meist etwas «hinterherhinkt», da es einige Tage dauert, bis Rechnungen eingetroffen, geprüft und verbucht sind.

Aus dem Kostenplan ist ersichtlich,

- wie viel Geld schon ausgegeben wurde (sog. «Budget Burned»),
- bis wann wie viel Geld ausgegeben sein sollte,
- welche Budgetabweichungen zu erwarten sind.

Für die Kostenplanung steht gewöhnlich eine geeignete Software zur Verfügung. Die geplanten Kosten werden auf die jeweilige Projektnummer verbucht. Was verbucht werden muss und wie dabei vorzugehen ist, wird üblicherweise in den Kontierungsrichtlinien des Unternehmens festgelegt. Diese betreffen die Verarbeitung eingehender Rechnungen und umfassen i. d. R. Vorgaben bezüglich Arbeitsabläufen, Kompetenzen und Verantwortlichkeiten sowie detaillierte Kontenpläne. Zumindest folgende Fragen sollten sie beantworten:

- Wie müssen externe Rechnungen verbucht werden?
- Wie sind interne Rechnungen (Spesen) zu kontieren?
- Mit welchen Kostensätzen werden die internen Aufwände berechnet?

D] Qualitätsstand konsolidieren

Eine fundierte Aussage über die erreichte Qualität der (Zwischen)ergebnisse, d. h. über den «qualitativen Projektstatus», beantwortet die folgende Frage: «Wurden bis zum jetzigen Zeitpunkt und mit den bisher verbrauchten finanziellen Mitteln die erwarteten Resultate in der notwendigen Qualität erreicht?»

Diese an und für sich einfache Frage kann in manchen Branchen relativ präzise beantwortet werden, wie z. B. in der Bau- und in der Produktionsbranche, wo es eindeutige Qualitäts-Messkriterien auch für Zwischenergebnisse gibt. Bei IT-Projekten bereitet sie aber oft einiges

Kopfzerbrechen, weil es über lange Zeit nur abstrakte Modelle und Programmcodes gibt. Ob diese (Zwischen)ergebnisse den Anforderungen an die fertige Applikation genügen, ist demnach schwierig zu beurteilen.

12.2 Soll-Ist-Vergleich durchführen

Nachdem die Ist-Situation in konsolidierter Form vorliegt, wird sie dem Plan gegenübergestellt und schliesslich einem Soll-Ist-Vergleich unterzogen. Grundsätzlich macht man Soll-Ist-Vergleiche für alle relevanten Planungswerte im Projekt, insbesondere für Kosten, Termine und Ressourcen. Dafür eignen sich verschiedene Darstellungstechniken, die in Abb. 12-5 aufgelistet und nachfolgend kurz vorgestellt werden.

Abb. [12-5]   Darstellungstechniken für den Soll-Ist-Vergleich

Terminvergleich	• Balkendiagramm mit Soll- und Ist-Werten • Arbeitsfortschritts-Vergleichsdiagramm • Meilenstein-Trendanalyse
Kostenvergleich	• Kostenvergleichsdiagramm • Kostenvergleichstabelle
Termin-/Kostenvergleich	• Earned Value (EV) • Scheduled Performance Index (SPI) • Cost Performance Index (CPI) • SPI-CPI-Diagramm
Ressourcenvergleich	• Ressourcen-Soll-Ist-Diagramm

12.2.1 Terminvergleich

Für eine übersichtliche Darstellung des Terminvergleichs eignen sich das Balkendiagramm und das Arbeitsfortschritts-Vergleichsdiagramm.

A] Balkendiagramm (Gantt-Diagramm) für den Soll-Ist-Vergleich

Eine einfache Form des Soll-Ist-Vergleichs ist das Nachführen des tatsächlichen Ist-Verlaufs auf dem Balkendiagramm der Planung, das gängige Projektmanagement-Software anbietet.

Die zeitliche Lage und Dauer des ursprünglichen Plans ist auf jeder Zeile, die jeweils ein Arbeitspaket markiert, als unterer Balken eingetragen; die tatsächliche zeitliche Lage und Dauer ist durch den oberen Balken dargestellt. Zudem sind die in der Zukunft liegenden Arbeitspakete bereits auf den aus jetziger Sicht möglichen Zeitpunkt verschoben, woraus sich eine Terminprognose für die Zukunft ergibt.

Abb. 12-6 zeigt beispielhaft ein solches Balkendiagramm mit Soll- und Ist-Werten. Die oberen Balken (d. h. die tatsächliche zeitliche Lage und Dauer) sind tendenziell weiter rechts als die unteren Balken positioniert, was auf einen zeitlichen Verzug in diesem Projekt schliessen lässt. Der prozentuale Fertigstellungsgrad jedes Arbeitspakets ist neben dem Balken aufgeführt. Damit wird klar, welche Arbeitspakete gestartet und wie weit sie fortgeschritten sind.

Abb. [12-6] Soll-Ist-Vergleich als Balkendiagramm

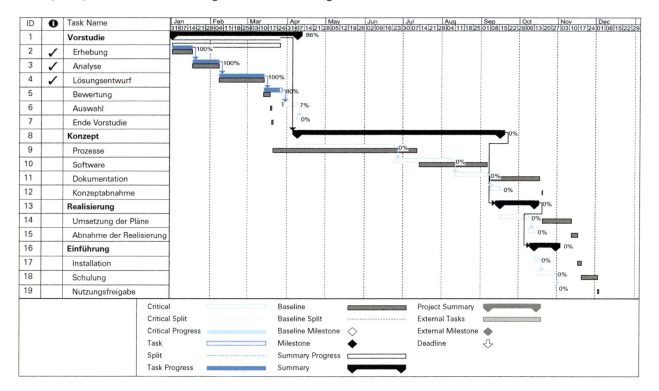

Beispiel	In der Phase «Vorstudie» sind die oberen Balken (tatsächlicher Zeitpunkt und tatsächliche Dauer) tendenziell weiter rechts positioniert als die unteren Balken (geplanter Zeitpunkt und geplante Dauer). Dies lässt auf einen zeitlichen Verzug in dieser Phase schliessen.
	Betreffend Fertigstellungsgrad in der Phase «Vorstudie» lässt sich Folgendes sagen: Zu 100% abgeschlossen sind die Vorstudien-Arbeitspakete «Erhebung», «Analyse» und «Lösungsentwurf». Die beiden Arbeitspakete «Bewertung» und «Auswahl» sind in Arbeit (zu 80% bzw. zu 7% abgeschlossen). Das Arbeitspaket «Ende Vorstudie» ist noch nicht begonnen (0% abgeschlossen). – Daraus resultiert ein Gesamtfertigstellungsgrad bei der Vorstudie von 86% (gerundet).

B] Arbeitsfortschritts-Vergleichsdiagramm

Das Arbeitsfortschritts-Vergleichsdiagramm veranschaulicht den geplanten Projektfortschritt und den zu einem Stichtag tatsächlich erzielten Arbeitsfortschritt. Die Soll-Kurve lässt sich aus der Projektplanung ableiten, die Ist-Kurve aus dem konsolidierten Statusbericht.

Die Ist-Kurve steht und fällt demzufolge mit einer realistischen Einschätzung des Arbeitsfortschritts bei den einzelnen Arbeitspaketen. Aus der Betrachtung eines einzigen Stichtags lässt sich noch keine klare Aussage machen, sondern erst aus jener über mehrere Stichtage hinweg: «Wie hat sich die Ist-Kurve im Vergleich zu den letzten Stichtagen verändert?»

Abb. 12-7 zeigt beispielhaft ein Arbeitsfortschritts-Vergleichsdiagramm.

Abb. [12-7]   Arbeitsfortschritts-Vergleichsdiagramm – Beispiel

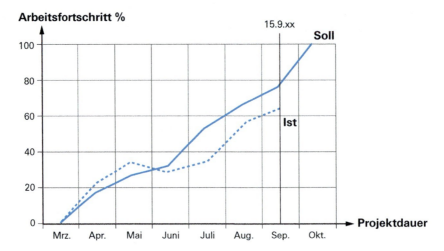

Beispiel   Während zu Beginn des Projekts ein Terminvorsprung bestand, weist der Projektverlauf seit Juni und bis zum Stichtag vom 15.9.xx einen Terminverzug auf. Die gestrichelte Ist-Kurve liegt tiefer als die Soll-Kurve. Da die Soll-Kurve im kommenden Monat steil ansteigt, besteht die Gefahr, dass das Projekt zeitlich noch stärker in Verzug geraten könnte.

Bemerkenswert ist auch eine sinkende Ist-Kurve zwischen Mitte Mai und Mitte Juni. Diese deutet darauf hin, dass bereits als fertig gemeldete Arbeitspakete nochmals überarbeitet werden mussten.

C] Meilenstein-Trendanalyse

Terminabweichungen bedeuten, dass die Vorgaben aus der Planung zu einem bestimmten Zeitpunkt nicht erfüllt wurden. Diese Feststellung ist zwar notwendig, um geeignete Korrekturmassnahmen zu definieren und zu ergreifen, bleibt aber eine Momentaufnahme und sagt noch nichts Konkretes über die Erreichbarkeit künftiger Termine bzw. Meilensteine aus.

Um den weiteren Projektverlauf zu steuern, muss der Projektleiter die voraussichtliche Entwicklung der künftigen **Meilensteine prognostizieren** können. Die Meilenstein-Trendanalyse ermöglicht dies, indem periodisch (z. B. monatlich) der vermutliche Zeitpunkt des Erreichens der Meilensteine geschätzt wird. Der betreffende Zeitpunkt wird jeweils auf der vertikalen Achse eingetragen. Wenn eine Linie die Diagonale berührt, ist der betreffende Meilenstein erreicht.

Abb. 12-8 zeigt beispielhaft eine solche Meilenstein-Trendanalyse.

Abb. [12-8]   Meilenstein-Trendanalyse – Beispiel

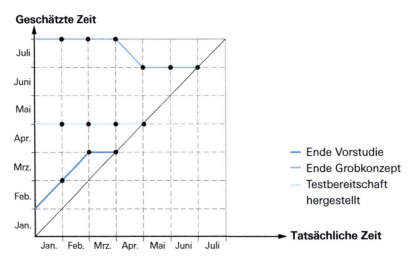

Beispiel

Anfang Januar wurde das Erreichen des Meilensteins «Ende Vorstudie» auf den 31. Januar, des Meilensteins «Ende Grobkonzept» auf den 30. April und des Meilensteins «Testbereitschaft hergestellt» auf den 31. Juli geschätzt (Schnittpunkte auf der vertikalen Achse):

- Die Linie des Meilensteins «Ende Vorstudie» ist gestiegen und zeigt somit eine Terminverzögerung an, und zwar auf den 31. März.
- Die horizontal verlaufende Linie des Meilensteins «Ende Grobkonzept» bedeutet, dass der Meilenstein wie geplant auf den 30. April erreicht wird.
- Die mittlerweile fallende Linie des Meilensteins «Testbereitschaft hergestellt» deutet auf einen Terminvorsprung hin. Dieser Meilenstein wird voraussichtlich am 30. Juni erreicht.

Zusammengefasst lässt sich die Meilenstein-Trendanalyse wie folgt interpretieren:

- **Horizontale Linien** zeigen realistische Schätzungen bzw. die Termineinhaltung.
- **Fallende Linien** zeigen zu pessimistische Schätzungen bzw. einen Terminvorsprung.
- **Steigende Linien** zeigen zu optimistische Schätzungen bzw. eine Terminverzögerung.

12.2.2 Kostenvergleich

Um den Kostenvergleich zwischen dem Soll und dem Ist aufzuzeigen, eignet sich die tabellarische wie auch die grafische Darstellung.

A] Kostenvergleichstabelle

In der Kostenvergleichstabelle werden die Plan- und die Ist-Kosten pro Arbeitspaket einander gegenübergestellt und die Abweichung in absoluten und in Prozentzahlen ausgewiesen. Abb. 12-9 zeigt eine solche Kostenvergleichstabelle für das Projekt «CRM-System».

Abb. [12-9] Kostenvergleichstabelle – Beispiel

Arbeitspaket	Plan-Kosten (CHF)	Fertigst'grad (%)	Ant. Plan-Kosten (CHF)	Ist-Kosten (CHF)	Abw. absolut (CHF)	Abw. (%)
Erhebung	3 000	100	3 000	5 000	2 000	67
Analyse	3 000	100	3 000	4 000	1 000	33
Lösungsentwurf	1 500	100	1 500	1 000	– 500	– 33
Bewertung	1 000	100	1 000	1 000	0	0
Auswahl	500	100	500	500	0	0
Abschluss Vorstudie	500	100	500	1 000	500	100
Total Vorstudie	**9 500**		**9 500**	**12 500**	**3 000**	**32**
ERP-System	30 000	70	21 000	18 000	– 3 000	– 14
Software	40 000	60	24 000	27 500	3 500	15
Dokumentation	15 000	45	6 750	5 500	– 1 250	– 19
Konzeptabnahme	2 000	0	0	0	0	0
…	…	…	…	…	…	…
Total	150 000		100 000	94 000	–6 000	–6

Legende: Fertigst'grad = Fertigstellungsgrad; Ant. = Anteilige; Abw. = Abweichung.

Beispiel

Im Projekt «CRM-System» wurden die geplanten Kosten in der inzwischen abgeschlossenen Phase der Vorstudie um fast ein Drittel überschritten (32%). In absoluten Zahlen sind es CHF 3 000.00.

Die Kostensituation für das Gesamtprojekt verläuft derzeit jedoch plangemäss; am Stichtag weist die Kostenvergleichstabelle gar eine Kosteneinsparung von CHF 6 000.00 oder 6% aus.

B] Kostenvergleichsdiagramm

Die Kostenabweichungen lassen sich als Kostenvergleichsdiagramm darstellen, genauso wie die Terminabweichungen als Arbeitsfortschritts-Vergleichsdiagramm (Diagrammform siehe Abb. 12-7). Anstelle des Arbeitsfortschritts werden in der vertikalen Achse die Kosten eingetragen.

Beachten Sie: Das Kostenvergleichsdiagramm sollte zusammen mit dem Arbeitsfortschritt betrachtet werden, da die Ist-Kosten sehr häufig vom Arbeitsfortschritt abhängen.

Beispiel Das Kostenvergleichsdiagramm zeigt am Stichtag eine gegenüber der Soll-Kosten-Kurve deutlich tiefere Ist-Kosten-Kurve. Dies bedeutet nicht unbedingt, dass das Gesamtprojekt günstiger abschliessen wird als geplant. Möglicherweise sind die geringeren Ist-Kosten darauf zurückzuführen, dass bestimmte Arbeiten sich verzögert haben und daher noch nicht belastet wurden.

12.2.3 Termin- und Kostenvergleich

Die Earned-Value-Methode ist ein aussagekräftiges Kennzahlensystem für die Betrachtung des Termin- und Kostenstatus. Die Empfänger der Projektstatusberichte – Auftraggeber und Projektausschuss – können damit den Projektstand klar nachvollziehen. Für den Projektleiter dient es als Führungsinstrument.

Die Earned-Value-Methode besteht aus den folgenden drei Kennzahlen:

1. Earned Value (EV)
2. Scheduled Performance Index (SPI)
3. Cost Performance Index (CPI)

Hinweis In Abb. 12-13 finden Sie ein Berechnungsbeispiel für alle drei Kennzahlen der Earned-Value-Methode.

A] Earned Value

Der Earned Value beantwortet die Frage: «Was hätte ich für das bisher Erbrachte aufgrund des ursprünglichen Budgets ausgeben dürfen?» Die Berechnungsformel lautet wie folgt:

$$\text{Earned Value (EV)} = \frac{\% \text{ fertig} \times \text{ursprüngliches Budget}}{100}$$

«% fertig» bezeichnet den in Prozent bewerteten Arbeitsfortschritt eines Arbeitspakets oder des gesamten Projekts (s. Kap. 12.1.1, S. 102).

Beispiel Wenn das Budget für ein Projekt CHF 200 000.00 beträgt und die Mauer heute zu 60% fertig erstellt ist, dann beträgt der Earned Value:

$$EV = \frac{60 \times 200\,000}{100} = CHF\ 120\,000.00$$

Der Earned Value wird besonders aussagekräftig im Projektverlauf, weil beispielsweise zu optimistische Einschätzungen des Arbeitsfortschritts relativ schnell an den Tag kommen.

Ein Earned-Value-Verlaufsdiagramm, wie in Abb. 12-10, zeigt auf den jeweiligen Stichtag bezogen die Ist- und Soll-Kosten und den Earned Value grafisch.

Abb. [12-10]   Earned-Value-Verlaufsdiagramm – Beispiel

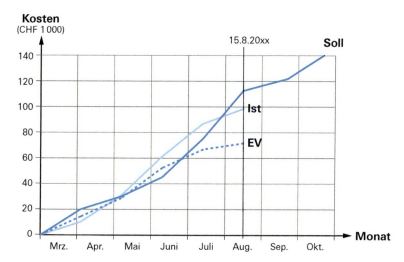

Beispiel

Im Beispiel von Abb. 12-10 sind die Ist-Kosten am 15.8.20xx tiefer als die Soll-Kosten.

Betrachtet man den Earned Value (EV), zeigt sich jedoch ein anderes Bild: Gemessen am Arbeitsfortschritt, der im EV berücksichtigt ist, fallen die Ist-Kosten am 15.8.20xx beträchtlich höher aus. Da zudem die Ist-Kosten-Kurve steiler ansteigt als die EV-Kurve, besteht eine gewisse Gefahr, dass die Ist-Kosten «aus dem Ruder laufen».

Die EV-Kurve fällt deutlich flacher aus als die Soll-Kurve, was zu einem Terminverzug führen könnte.

B] Scheduled Performance Index

Der Scheduled Performance Index (SPI) bewertet die **Terminsituation** eines Projekts, indem er die bis zum Stichtag budgetierten Kosten dem Earned Value gegenüberstellt. Die Berechnungsformel für den SPI lautet:

$$\text{Scheduled Performance Index (SPI)} = \frac{\text{Earned Value (EV)}}{\text{Budget bis Stichtag}}$$

«Budget bis Stichtag» bezeichnet diejenigen Kosten, die laut gültiger Planung bis zum Stichtag für dieses Arbeitspaket bzw. für das ganze Projekt vorgesehen sind. Dabei sind gleichmässige (lineare) oder auch ungleichmässige (nichtlineare) Kostenverläufe für ein Arbeitspaket oder das Projekt denkbar.

Abb. [12-11]   Auswertung des SPI

Ergebnis	Bedeutung
SPI > 1	Die bewertete, erbrachte Leistung ist grösser als im Plan vorgesehen. Das Projekt läuft also schneller als geplant. Wenn es so weitergeht, wird es auch früher als geplant fertig sein.
SPI = 1	Das Projekt verläuft termingemäss, d.h. nach Plan.
SPI < 1	Die bewertete, erbrachte Leistung ist kleiner als im Plan vorgesehen. Man muss mit einer Terminverzögerung rechnen, sofern das Projekt weiterhin so verläuft.

Mit dem SPI ist auch eine **Terminprognose** für das Projektende möglich. Die voraussichtliche **Durchlaufzeit** ergibt sich aus der Berechnungsformel:

$$\text{Durchlaufzeit des Projekts} = \frac{\text{budgetierte Durchlaufzeit}}{\text{Scheduled Performance Index (SPI)}}$$

C] Cost Performance Index

Der Cost Performance Index (CPI) bewertet die Kostensituation eines Projekts, indem er die zum Stichtag tatsächlich angefallenen Kosten (Ist-Kosten) dem zu diesem Zeitpunkt erzielten Earned Value gegenüberstellt. Berechnet wird der CPI nach der folgenden Formel:

$$\text{Cost Performance Index (CPI)} = \frac{\text{Earned Value (EV)}}{\text{Ist-Kosten}}$$

Abb. [12-12] Auswertung des CPI

Ergebnis	Bedeutung
CPI > 1	Die bewertete, erbrachte Leistung ist grösser als die tatsächlich angefallenen Kosten. Das Projekt läuft also kostengünstiger als geplant; wenn es so weitergeht, wird es auch unter Budget abschliessen (Kostenunterschreitung).
CPI = 1	Das Projekt verläuft kostenmässig nach Plan.
CPI < 1	Die bewertete, erbrachte Leistung ist kleiner als die tatsächlich angefallenen Kosten. Man muss mit einer Kostenüberschreitung rechnen, sofern das Projekt weiterhin so verläuft.

Mit dem CPI lässt sich zudem eine Kostenprognose aufstellen. Die voraussichtlichen Kosten zum Projektende ergeben sich aus der Anwendung der Berechnungsformel:

$$\text{Voraussichtliche Kosten} = \frac{\text{Budget}}{\text{Cost Performance Index (CPI)}}$$

Nachfolgend finden Sie ein Berechnungsbeispiel für alle vorgestellten Kennzahlen.

Abb. [12-13] Berechnungsbeispiel

Berechnungsgrundlagen				
Plan-Kosten (Budget)	CHF 150 000.00	Durchlaufzeit		200 Tage
Budget bis Stichtag	CHF 88 000.00	Stichtag		nach 100 Tagen
Ist-Kosten am Stichtag	CHF 96 000.00	% fertig		60%

Kennzahl	Berechnung	Ergebnis
EV	$\frac{60 \times 150000}{100} = 90000$	CHF 90 000.00
SPI	$\frac{90\,000}{88\,000} = 1.0227$	Bedeutet: Die erbrachte Leistung ist grösser als im Plan vorgesehen.
CPI	$\frac{90\,000}{96\,000} = 0.9375$	Bedeutet: Der Wert der erbrachten Leistung ist kleiner als die tatsächlich angefallenen Kosten.
Terminprognose	$\frac{200}{1.0227} = 196$	196 Tage (d. h. 4 Tage früher als geplant)
Kostenprognose	$\frac{150\,000}{0.9375} = 160\,000$	CHF 160 000.00 (d. h. Mehrkosten von CHF 10 000.00)

D] SPI-CPI-Diagramm

Im SPI-CPI-Diagramm werden die beiden Kennzahlen SPI und CPI im Projektverlauf grafisch dargestellt. Idealerweise ergibt sich eine «Punktlandung» im Fadenkreuz 1/1. Dies bedeutet, dass das Projekt plangemäss abgeschlossen werden kann, d. h. mit dem genehmigten Budget und zum vereinbarten Termin.

Abb. 12-14 zeigt ein SPI-CPI-Diagramm für die drei Stichtage 1.7., 1.8. und 1.9.xx.

Abb. [12-14] SPI-CPI-Diagramm – Beispiel

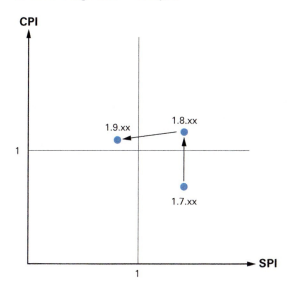

Beispiel
- Die im Projekt erbrachten Leistungen waren am Stichtag 1.7.xx kostspieliger als geplant (CPI deutlich kleiner als 1), aber auch weiter fortgeschritten als geplant (SPI deutlich grösser als 1).
- Am nächsten Stichtag 1.8.xx hat sich der zeitliche Projektstand nicht verändert, jedoch der Kostenstand: Es besteht eine Kostenunterschreitung (CPI grösser als 1).
- Am 1.9.xx zeigt der Trend in eine andere Richtung: Das Projekt scheint kostenbezogen immer noch auf gutem Weg (CPI grösser als 1), hat mittlerweile aber eine Terminverzögerung (SPI unter 1 gefallen).
- Insgesamt nähert sich das Projekt jedoch allmählich dem optimalen Punkt 1/1.

Das SPI-CPI-Diagramm wird auch im Projekt-Portfoliomanagement eingesetzt: Die SPI-CPI-Kennzahlen aller Projekte werden in das SPI-CPI-Diagramm eingetragen, um so den Überblick über den aktuellen Stand aller Projekte bezüglich Kosten und Terminen zu behalten.

Abb. [12-15] SPI-CPI-Diagramm – Beispiel Projekt-Portfoliomanagement

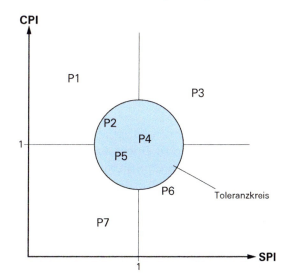

Beispiel
Das SPI-CPI-Diagramm in Abb. 12-15 zeigt, dass die Projekte P2, P4 und P5 «unproblematisch» sind, weil sie in einem Toleranzkreis um den Punkt 1/1 liegen. Die anderen Projekte (P1, P3, P6 und P7) liegen ausserhalb dieses Toleranzkreises, weichen also stärker von den Vorgaben ab. Sie werden demnach einer besonderen Analyse unterzogen.

12.2.4 Ressourcenvergleich

Die Verfügbarkeit der benötigten Ressourcen hat meist einen erheblichen Einfluss auf den zeitlichen und auf den qualitativen Fortschritt des Projekts. Aus diesem Grund ist es wichtig, die tatsächliche Verfügbarkeit der benötigten Ressourcen zu überwachen.

Analog den Terminabweichungen im Arbeitsfortschritts-Vergleichsdiagramm lassen sich die Abweichungen beim Ressourceneinsatz im Ressourcen-Soll-Ist-Diagramm darstellen. Wie in Abb. 12-16 ersichtlich, werden die tatsächlich eingesetzten Kapazitäten und die ursprünglich zugesagten Kapazitäten im Zeitverlauf gezeigt.

Abb. [12-16]   Ressourcen-Soll-Ist-Diagramm (Stichtag: 1.6.20xx)

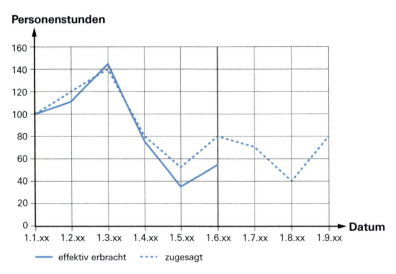

Beispiel

Am Stichtag 1.6.20xx ist eine deutlich niedrigere Personen-Ist-Stunden-Kurve im Vergleich zur Soll-Stunden-Kurve feststellbar. Eine Kapazitätsunterschreitung war bereits im Vormonat zu verzeichnen. Je nach Ursachen für diese Unterschreitung muss der Projektleiter beim Projektteam und / oder bei den Linienvorgesetzten der Projektmitarbeitenden intervenieren.

12.3 Abweichungsursachen ermitteln

Die Abweichungen zu ermitteln und in Form von Tabellen, Diagrammen oder Berichten festzuhalten, reicht für die Projektsteuerung natürlich nicht aus. Vielmehr braucht es eine sorgfältige Ursachenanalyse für die Abweichungen, denn ohne die genaue Kenntnis der Ursachen kann man kaum die geeigneten Steuerungsmassnahmen entwerfen.

Zudem verringert eine genaue Ursachenanalyse die Gefahr, mit «Schnellschüssen» die Abweichungen bei Kosten, Terminen oder Ergebnissen möglichst rasch beheben zu wollen. Solch überstürzte oder einseitige Massnahmen bringen vielfach nicht, was man sich von ihnen erhofft. Im Gegenteil, sie können sich sogar kontraproduktiv auf den weiteren Projektverlauf auswirken.

Beispiel

- Ein Projekt gerät in Terminverzug, weil mehrere Mitarbeitende wegen einer Grippe für einige Tage ausgefallen sind. Die Projektleiterin zieht als Steuerungsmassnahme die Anordnung von Überzeit in Betracht. Eine Aufstockung der Personalressourcen ist in diesem Fall nicht nötig, da das Terminproblem auf eine kurzfristige Beeinträchtigung zurückzuführen ist.
- Einzelne Arbeitspakete fallen nicht in der vereinbarten Qualität aus. Die Ursachenanalyse zeigt, dass dies in erster Linie an der Unerfahrenheit des zuständigen Projektmitarbeiters liegt. Die Projektleiterin kann sich als Massnahmen vorstellen: dem betreffenden Mitarbeiter einen erfahrenen «Coach» zur Seite stellen oder sein Know-how mit einer speziellen Schulung verbessern. Keinesfalls braucht es eine generelle Verschärfung der Qualitätssicherung; sie wäre sogar kontraproduktiv, da sie den Projektprozess insgesamt verlangsamen würde.

12.4 Steuerungsmassnahmen entwerfen

Nach der Analyse der Abweichungen und dem Aufdecken der dazugehörigen Ursachen geht es nun darum, die Planabweichungen zu korrigieren. Achten Sie darauf, dass diese Steuerungsmassnahmen

- die Problemursache beseitigen,
- rasch realisierbar sind,
- schnell Wirkung zeigen,
- möglichst wenig Aufwand verursachen,
- wenig zusätzliche Ressourcen benötigen,
- das Projekt als Gesamtes nicht negativ beeinflussen und
- wenig Unruhe in die normale Projektabwicklung bringen.

Steuerungsmassnahmen sind neue, zusätzliche Aktivitäten im Projektverlauf. Sie erfordern Zeit, Ressourcen und finanzielle Mittel und müssen deshalb als «normale Aktivitäten» in die Planung übernommen und überwacht werden.

In Abb. 12-17 sind mögliche Steuerungsmassnahmen aufgelistet, mit denen man korrigierend eingreifen kann. Dabei lassen sich zwei Typen unterscheiden:

- Ist-Korrekturmassnahmen wirken auf den Ist-Verlauf des Projekts ein, indem man z. B. versucht, durch Parallelarbeit die Projektabwicklung zu beschleunigen, wenn ein Terminverzug diagnostiziert wurde.
- Soll-Korrekturmassnahmen laufen auf eine Planänderung hinaus, indem man z. B. versucht, den Endtermin eines Projekts zu verschieben. Meist erfordern sie die Zustimmung des Auftraggebers und des Projektausschusses.

Abb. [12-17] Steuerungsmassnahmen in Projekten

Strategiebezogene Massnahmen	Strukturbezogene Massnahmen
• Leistungsreduzierung • Versionenkonzept • Prioritätenverschiebung • Wechsel der verfolgten Lösung • Ablehnung von Änderungswünschen • Rückgriff auf Alternativen • Einbau von Sicherheiten • Verschiebung des Endtermins	• Parallelarbeit • Änderung der zeitlich-logischen Abfolge • Technikeinsatz • Streichung unwichtiger Arbeitspakete • Umverteilung innerhalb der Puffer • Einstellung zusätzlicher Mitarbeitender • Zukauf externer Kapazitäten • Überstunden, Mehrschichtarbeit
Kulturbezogene Massnahmen	Projektmanagementbezogene Massnahmen
• Fortbildung der Mitarbeitenden • Stakeholdermanagement • Motivationsförderung • Transparenz • Offene Informationspolitik • Persönliche Anerkennung • Delegation • Verbesserung des Arbeitsumfelds	• Informationssystem ausbauen • Kommunikationssystem verbessern • Abschirmung der Mitarbeitenden • Intensivierung der Planung • Erhöhung der Kontrollen • Sorgfältige Ursachenforschung • Räumliche Zentralisierung • Optimierung der Sachmittelausstattung

12.5 Projektstatusbericht (Reporting)

Eine zentrale Rolle bei der Projektberichterstattung spielt der Projektstatusbericht über die (Zwischen)ergebnisse. Er ist ein wichtiges Führungsmittel für das Projektteam und zwingt zudem auch den Auftraggeber und die Entscheidungsgremien, ihrer Steuerungsverantwortung nachzukommen. Daher sollte er regelmässig eingefordert und besprochen werden. Der Projektstatusbericht erfüllt somit folgenden Zweck:

- Die Projektbeteiligten, vor allem der Projektausschuss und der Auftraggeber, sind über den Projektfortschritt informiert und können ihre Lenkungsrolle wahrnehmen.
- Klare Entscheidungsgrundlagen sind jederzeit im Projektverlauf vorhanden.

In vielen Unternehmen sind Inhalt und Form des Projektstatusberichts standardisiert (s. Kap. 6.3.1, S. 60). Zumindest die Punkte gemäss Abb. 12-18 sollte er umfassen.

Abb. [12-18] Inhalt des Projektstatusberichts

Inhalt	Erläuterungen und Hinweise
Management Summary	Kurz-Zusammenfassung der wichtigsten Inhalte des Berichts
Projekt-Fortschritte	Wesentliche Ergebnisse, Erledigtes seit dem letzten Bericht
Risikoanalyse	Erkannte Risiken, Einschätzung der Risiken, Massnahmen (Darstellungsmöglichkeiten s. Kap. 14.2, S. 125)
Projektstand	Ergebnisse und Abweichungen bei Terminen, Fertigstellungsgrad, Kosten und Qualität (Darstellungsmöglichkeiten s. Kap. 12.1, S. 102)
Aufwand- und Kostencontrolling	Gegenüberstellung von Soll- und Ist-Kosten sowie des Soll- und Ist-Personalstundenaufwands (Darstellungsmöglichkeiten s. Kap. 12.2, S. 106)
Steuerungs-massnahmen	Vorschläge (s. Kap. 12.4, S. 115)
Anträge	Anträge für Entscheidungen

Zusammenfassung

Zum Projektcontrollingprozess gehören die folgenden Aufgaben:

1. Ist-Situation erheben: Anhand der Arbeitspakete werden die Arbeitsfortschritte (Fertigstellungsgrad) regelmässig erhoben und beurteilt. Die Konsolidierung der Ist-Situation bezüglich der Termine, Kosten und der Qualität der Ergebnisse zeigt den Projektstand auf.
2. Soll-Ist-Vergleich durchführen, um Aufschluss über die Abweichungen in der bisherigen Projektarbeit und Hinweise auf die weitere Entwicklung zu erhalten.
3. Abweichungsursachen ermitteln, um angemessen darauf reagieren zu können.
4. Steuerungsmassnahmen entwerfen und umsetzen, um bei Abweichungen korrigierend eingreifen zu können. Diese können entweder auf den Ist-Verlauf einwirken (Ist-Korrektur) oder zu einer Planänderung führen (Soll-Korrektur).

Für die Ermittlung und Beurteilung des Projektstands eignen sich die folgenden Erhebungs- und Darstellungstechniken:

Aufgabe	Erhebungs- und Darstellungstechniken
Ist-Situation erheben	Rückmeldung Arbeitsfortschritt: • Arbeitspaketbericht bzw. Arbeitsrapport • Projektmanagement-Tool • Projektstatus-Meeting • Einzelgespräche Fertigstellungsgrad: • Subjektive Einschätzung (persönlich, nicht an eindeutige Kriterien gebunden) • Bisher geleistete und noch zu leistende Stunden (Berechnung des Restaufwands anhand des bisherigen Aufwands) • Methode «0% – 100%» (nicht fertige zu 0%, fertige zu 100%) • Methode «0% – 50% – 100%» (nicht fertige zu 0%, solche in Arbeit zu 50%, fertige zu 100%) • Definition von Zwischenresultaten (Bemessung anhand im Voraus definierter Lieferprodukte)
Soll-Ist-Vergleich durchführen	• Terminvergleich: Balkendiagramm, Arbeitsfortschritts-Vergleichsdiagramm, Meilenstein-Trendanalyse • Kostenvergleich: Kostenvergleichstabelle, Kostenvergleichsdiagramm • Termin- und Kostenvergleich: Earned Value (EV), Scheduled Performance Index (SPI), Cost Performance Index (CPI), SPI-CPI-Diagramm • Ressourcenvergleich: Ressourcen-Soll-Ist-Diagramm

Das **Reporting** (die Projektberichterstattung) erfolgt in Form eines regelmässigen **Projektstatusberichts**. Mit dem Projektstatusbericht werden den Entscheidungsgremien gegenüber Rechenschaft über die bisherigen (Zwischen)ergebnisse abgelegt und Anträge für Entscheidungen bzw. Massnahmen gestellt.

Repetitionsfragen

---

32 Welche der folgenden Aussagen zur Projektsteuerung sind richtig?

A] Mit der Methode «0% – 50% – 100%» lässt sich der Projektstand exakter ermitteln als mit der Methode «0% – 100%».

B] In einem Reorganisationsprojekt ist es schwierig, eine Aussage über die erreichte Qualität der Zwischenergebnisse zu machen.

C] Der Earned Value beantwortet die Frage, wie viel Zeit man für die bisher erbrachte Leistung hätte aufwenden dürfen.

D] Wenn der SPI grösser als 1 ist, bedeutet dies, dass die erbrachte und bewertete Leistung grösser als die tatsächlich angefallenen Kosten ist.

---

33 Die Projektleiterin für das neue «Corporate Design» legt Ihnen den Projektzwischenbericht per 31. August vor und präsentiert dazu das folgende Arbeitsfortschrittsdiagramm:

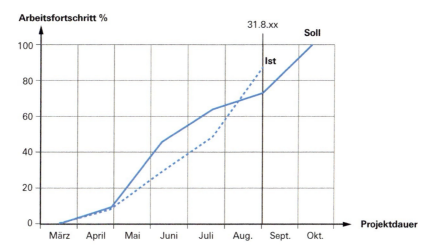

A] Kommentieren Sie das Arbeitsfortschrittsdiagramm in einigen Sätzen.

B] Formulieren Sie mindestens eine Frage, die Sie der Projektleiterin zu ihrem Zwischenbericht per 31. August stellen würden.

---

34 Timo Reichlin, der Projektleiter des Kongresses «Lernen mit Neuen Medien», stellt einen Terminverzug im Arbeitspaket «Rahmenprogramm organisieren» fest, weil die dafür zuständige Projektmitarbeiterin Olivia Hess zu wenig Zeit für das Projekt einsetzen kann.

Schlagen Sie zwei konkrete Steuerungsmassnahmen für dieses Arbeitspaket vor.

---

35 Ein Auftraggeber wünscht, den Projektstand regelmässig mündlich zu besprechen. Seiner Meinung nach braucht es dafür keine schriftlichen Projektstatusberichte.

Welche Argumente sprechen dennoch für eine schriftliche Berichtsform?

13 Änderungen bearbeiten

Lernziele	Nach der Bearbeitung dieses Kapitels können Sie …
	• typische Beispiele für Änderungen in einem Projekt und deren Folgen aufzeigen.
• das Vorgehen in einem geordneten Änderungsmanagementprozess beschreiben.
Schlüsselbegriffe	Änderungsantrag, Änderungsmanagement, Änderungsursachen, Changemanagement

Grundsätzlich richtet sich die gesamte Projektarbeit auf den gültigen Projektauftrag aus. Verändern sich die Rahmenbedingungen, ergeben sich zwischenzeitlich neue Erkenntnisse, kommen weitere Anforderungen hinzu oder fallen bisherige weg, führt dies meistens auch zu Abweichungen vom vereinbarten Projektauftrag.

Es handelt sich dabei um grundlegende Planungskorrekturen (Soll-Korrekturen), die besonders umsichtig zu behandeln sind. Ansonsten erwachsen daraus eine Reihe von Problemen, wie das folgende Beispiel zeigt.

Beispiel

Mit dem Projekt «Rapido» soll die Effizienz in der Auftragsbearbeitung verbessert werden. Ein Teilprojekt ist die neue Auftragsbearbeitungssoftware, die von der firmeninternen Informatikabteilung entwickelt wird. Ordnungsgemäss wurden der Projektauftrag, das Grob- und Detailkonzept von der Geschäftsleitung als Auftraggeberin genehmigt. In einer ersten Testphase des Prototyps der Auftragsbearbeitungssoftware stellt der Benutzervertreter fest, dass er noch weitere spezifische Kundendaten benötigt (nicht nur eine Übersicht über die kundenspezifischen Aufträge der letzten 12 Monate, sondern sämtliche bisherigen Aufträge inkl. Detailkonditionen), um die Auftragsbearbeitungssoftware wirklich sinnvoll, d. h. möglichst effizient nutzen zu können. Die Bereitstellung dieser Daten war bisher nicht vorgesehen.

Daraufhin sichert der Projektleiter dem Benutzervertreter zu, diese zusätzlichen Anforderungen im Rahmen des ordentlichen Projekts zu realisieren. Es handle sich um eine Kleinigkeit, die betreffenden Daten zu integrieren, und dafür müsse wohl nicht eigens ein Konzept entwickelt werden. Der Benutzervertreter ist mit dieser Antwort zufrieden und der Projektleiter ist überzeugt, auf diese Weise eine benutzerfreundlichere Lösung anbieten zu können. In der Folge stellt sich allerdings heraus, dass die neuen Anforderungen wesentlich schwieriger zu realisieren sind als angenommen. Trotzdem fährt das Projektteam damit fort, weil man das Versprechen gegenüber dem Benutzervertreter halten und die bereits angefangenen Arbeiten nicht rückgängig machen will …

Die Integration der zusätzlich geforderten Daten führt zu einer zeitlichen Verzögerung von vier Wochen bei der Einführung der Software und zu einer Kostenüberschreitung von CHF 35 000.00. Die Ampeln im Statusbericht des Projekts «Rapido» werden folgerichtig auf «Rot» gestellt. Der Auftraggeber verlangt eine ausführliche Erklärung für diese Abweichungen, womit das «Schwarzpeterspiel» bezüglich Verantwortlichkeiten seinen Anfang nimmt …

Was ist hier schiefgelaufen?

Offensichtlich verpasste es der Projektleiter, gründlich abzuklären, welchen Mehraufwand die Integration der geforderten zusätzlichen Kundendaten bedeutet. Folgerichtig hätte er eine entsprechende Änderung im Projektauftrag beim Auftraggeber beantragen und genehmigen lassen müssen. Auf diese Weise wäre die jetzige Konfliktsituation nicht eingetreten.

In vielen Projekten ist es unvermeidlich, den gültigen Projektauftrag nochmals zu ändern, obwohl die Arbeiten bereits angelaufen oder teilweise schon weit fortgeschritten sind. Erfahrungsgemäss führen zu viele Änderungen im Projektverlauf aber auch zu Kompromisslösungen, die schliesslich niemand mehr zu überzeugen vermögen, oder gar zu gänzlich gescheiterten Projekten. Aus diesem Grund bezweckt das Änderungsmanagement, mit notwendigen Änderungen systematisch zu verfahren, und nicht, sie wenn möglich zu verhindern.

Viele Projekte unterliegen einem ständigen Anpassungsbedarf, weil mit fortschreitender Projektdauer neue Informationen und Erkenntnisse für die weitere Projektarbeit gewonnen werden. Solche Änderungen gehören jedoch nicht ins Änderungsmanagement, sondern zu den «alltäglichen» Projektleitungsaufgaben.

Beispiel

Als alltägliche Projektleitungsaufgaben gelten:

- Der Bedarf an personellen Ressourcen für ein Teilprojekt wurde unterschätzt, sodass diese vorübergehend aufgestockt werden müssen.
- Ein externer Lieferant liefert seine Leistungen zu spät, ohne damit den kritischen Pfad zu tangieren.
- Eine Teilprojektleiterin fällt auf unbestimmte Zeit aus und muss ersetzt werden.

13.1 Ursachen für Änderungen

Das Änderungsmanagement behandelt grundsätzlich alle **massgeblichen Veränderungen des Projektgegenstands** (Projektauftrag, Ziele, Anforderungen, Resultate usw.). Es wird auch als **Changemanagement** bezeichnet.

Solche Änderungen haben typischerweise die folgenden Ursachen:

- Aufgrund neuer Erkenntnisse reichen die ursprünglich formulierten **Ziele und Anforderungen** nicht mehr aus oder erweisen sich sogar als kontraproduktiv.
- Die Anforderungen an das Projektergebnis wurden zu wenig konkret oder unvollständig formuliert. Es stellt sich nun heraus, dass **Anpassungen im Leistungsumfang** unvermeidbar werden.
- Innovationen auf dem Markt ermöglichen **neue Lösungsansätze,** die zum Zeitpunkt des Projektauftrags nicht bedacht wurden.
- Veränderte **interne Rahmenbedingungen** führen dazu, dass die ursprünglichen Projektziele nicht mehr sinnvoll oder gar überflüssig sind, setzen andere Prioritäten, schränken den Handlungsspielraum im Projekt drastisch ein oder führen zu einem Projektstopp. Beispielsweise eine strategische Neuausrichtung, eine Unternehmensfusion, eine Reorganisation, ein personeller Wechsel beim Auftraggeber oder kurzfristige Budgetkürzungen.
- Veränderte **externe Rahmenbedingungen** führen zu neuen Anforderungen an das Projektergebnis. Beispielsweise gesetzliche Bestimmungen, behördliche Auflagen, ein Meinungsumschlag in der Öffentlichkeit.

13.2 Folgen nicht gemanagter Änderungen

Vielfach sind sich der Auftraggeber oder die Projektkunden (Anwender und Nutzer) der **Tragweite** ihrer Änderungswünsche **nicht bewusst.** Dementsprechend drängen sie auf eine rasche Erfüllung, erwarten vom Projektleiter die entsprechende Flexibilität und zeigen wenig Verständnis, wenn er auf einer gründlichen Abklärung sämtlicher Auswirkungen besteht oder auf die möglichen Risiken der betreffenden Änderungen verweist.

In vielen Fällen machen Änderungen nämlich das Projekt **aufwendiger,** die Projektergebnisse **umfangreicher** und betreffen auch die **Projektziele.**

Wenn das Projektteam neue Anforderungen, Wünsche oder Rahmenbedingungen ungefiltert annimmt, entstehen folgende Probleme:

- **Terminprobleme:** Die Bearbeitung der Zusatzwünsche führt zu Verzögerungen bei einzelnen Teilprojekten und dadurch oftmals auch beim Gesamtprojekt.
- **Kostenüberschreitungen:** Die Änderungen verursachen Zusatzkosten.
- **Fachliche Probleme:** Geänderte Rahmenbedingungen können bereits erarbeitete Lösungen obsolet machen, es müssen weitere Abklärungen zur Machbarkeit gemacht oder das Projekt gar neu aufgesetzt werden.
- **Frustration im Projektteam:** Ständige Änderungen lassen das Projektteam daran zweifeln, ob sich der Einsatz noch lohnt und die geleistete Arbeit möglicherweise umsonst war.

13.3 Systematisches Änderungsmanagement

Nachfolgend werden die Ziele und Grundsätze eines systematischen Änderungsmanagements, der Änderungsmanagementprozess und die Inhalte eines Änderungsantrags beschrieben.

13.3.1 Ziele und Grundsätze des Änderungsmanagements

Mithilfe eines systematischen Änderungsmanagements soll sichergestellt werden, dass

- **Änderungen** hinsichtlich ihrer Auswirkungen gründlich **geprüft** werden,
- die Umsetzung oder Ablehnung von **Änderungsanträgen** nachvollziehbar entschieden wird,
- **genehmigte Änderungen** in kontrollierter und geplanter Form in die weitere Projektarbeit einfliessen und
- Änderungen und ihre Auswirkungen gut **dokumentiert** sind.

Unabhängig davon, wie ein Änderungsmanagementprozess im Detail ausgestaltet wird, sollten die vier Grundsätze gemäss Abb. 13-1 immer befolgt werden.

Abb. [13-1]   Grundsätze des Änderungsmanagements

Grundsätze	Erklärung
Änderungsanträge schriftlich formulieren	• Nachvollziehbarkeit sicherstellen. • Missverständnisse und falsche Erwartungen aufgrund von vagen Vorstellungen vorbeugen.
Der Auftraggeber entscheidet	• Jeden Änderungsantrag vom Auftraggeber genehmigen lassen. Bewusst gefällte Entscheide verringern unangenehme Überraschungen, weil man weiss, worauf man sich einlässt. • Als Entscheidungsgrundlage lückenlose Informationen über die Hintergründe und Auswirkungen der Änderung, insbesondere die Termin- und Kostenfolgen, aufbereiten.
Alle betroffenen Unterlagen aktualisieren	• Praktisch immer betroffen sind die Termin-/Kosten- und die Ressourcenplanung, oft in Form einer Erhöhung des Projektbudgets und / oder einer Verschiebung des Endtermins. Auch der gegenteilige Fall kann eintreten, dass eine Projektänderung weniger Projektkosten oder einen früheren Endtermin nach sich zieht. • Auch bereits erstellte (Teil)konzepte müssen u. U. wegen der Änderungen aktualisiert werden.
Anhand der aktualisierten Unterlagen weiterarbeiten	Mit der Arbeit am (veränderten) Projekt erst beginnen, wenn • die anfallenden Aufgaben, Termine und Kosten aktualisiert sind und mit dem veränderten Projektauftrag übereinstimmen. • alle Beteiligten hinter dem weiteren Vorgehen stehen.

13.3.2 Änderungsmanagementprozess

Die einzelnen Schritte des Änderungsmanagements werden typischerweise in einem Prozess eingebunden, der im Fall von Änderungen zwingend zu durchlaufen ist. Der **Ausgangspunkt** dieses Prozesses ist ein **Änderungsbedarf,** der im Projektverlauf entsteht. Im Beispielprojekt «Rapido» wurde er durch die vom Benutzervertreter geforderten zusätzlichen Kundendaten ausgelöst.

In der Praxis hat sich der in Abb. 13-2 dargestellte Änderungsprozess bewährt.

Abb. [13-2] Änderungsmanagementprozess

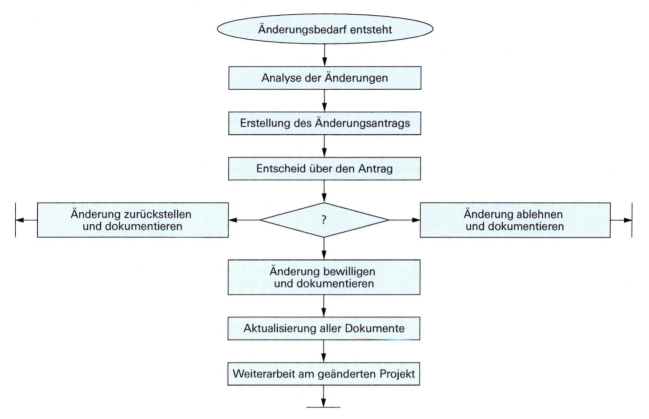

Analyse der Änderungen: Dazu gehört die Abklärung der Notwendigkeit der gewünschten Änderung sowie der Konsequenzen (vor allem der Termin- und der Kostenfolgen).

Erstellen eines Änderungsantrags: Die Analyse-Ergebnisse werden in einem Antrag an den Auftraggeber festgehalten.

Entscheid über den Änderungsantrag: Der Auftraggeber entscheidet unter Kenntnis aller Konsequenzen über den Änderungsantrag. Dabei gibt es grundsätzlich drei Möglichkeiten:

- Änderung mit allen Konsequenzen bewilligen.
- Änderung ablehnen.
- Änderung zurückstellen.

In allen drei Fällen ist der Entscheid über den Änderungsantrag zu dokumentieren.

Aktualisierung aller Dokumente: Nach der Bewilligung des Änderungsantrags werden alle betroffenen Dokumente (Konzepte, Projektpläne und der Projektauftrag) angepasst und somit auf einen neuen Stand gebracht.

Weiterarbeit am Projekt: Erst wenn alle Dokumente aktualisiert sind, kann am nun veränderten Projekt weitergearbeitet werden.

13.3.3 Änderungsantrag

Mithilfe des Änderungsantrags (auch «Change Request» genannt) lässt sich eine Änderung systematisch und einheitlich dokumentieren.

Abb. [13-3]   Inhalt eines Änderungsantrags

Inhalt	Erklärungen	Beispiel «Rapido»
Ausgangslage	Situation skizzieren, die zur beantragten Änderung geführt hat, und den oder die Urheber dieser Änderung benennen.	Test des Prototyps durch den Benutzervertreter Hugo Koller am 12.5.20xx.
Beantragte Änderung	Änderungen gegenüber der ursprünglichen Planung beschreiben.	Änderung der Programmspezifikationen «Kundenhistory»: • Bisher: Auftragsdaten der letzten 12 Monate • Neu: Sämtliche Auftragsdaten inkl. Detailkonditionen (gesamte «Kundenhistory»)
Betroffene Projektresultate	Einfluss der Änderung auf bereits verabschiedete oder in Arbeit befindliche Projektresultate beschreiben: Welche Ergebnisse müssen überarbeitet oder von Neuem angefangen werden?	• Datenbank erweitern um folgende Positionen: … • Ausgabemaske … neu darstellen. • …
Betroffene Projektdaten	Einfluss der Änderung auf die aktuell vereinbarten Projektdaten beschreiben: • Wie verändern sich Kosten, Termine oder auch der Umfang des Projekts, wenn die Änderung angenommen und durchgeführt wird? • Gibt es weitere Elemente des Projektauftrags, die sich verändern?	• Terminplanung: geschätzte zeitliche Verzögerung für Einführung: plus 12 AT • Mehraufwand Ressourcenplanung: 13 AT Analyse Programmspezifikation: 2 AT Anpassungen Programmspezifikation: 1 AT Programmierung inkl. Testing: 8 AT Anpassungen Design Ausgabemaske: 2 AT • Mehrkosten: 13 AT à CHF 1 800.00 = CHF 23 400.00 bzw. 12.5% des Gesamtbudgets
Risiken	Mögliche Risiken beschreiben, die sich bei einer Bewilligung der Änderung ergeben.	• Widerstand wegen Zeitverzögerung und wegen Mehrkosten • Weitere Verzögerungen und Mehrkosten, wenn Benutzervertreter beim Folgetest erneut Änderungswünsche in den Anforderungen melden
Konsequenzen bei Nichtänderung	Alle absehbaren Konsequenzen beschreiben, die sich bei einer Ablehnung oder Zurückstellung der Änderung ergeben.	• Die Auftragsbearbeitungssoftware als Schlüsselelement einer effizienteren Prozesssteuerung muss von den Benutzern uneingeschränkt akzeptiert werden, damit die angestrebten Ziele erfüllt werden können. • Hugo Koller beurteilt die gesamte Kundenhistory als Muss-Anforderung an eine effiziente Auftragsbearbeitungssoftware. • Die Alternative wäre, zwei Systeme parallel zu betreiben mit den entsprechenden Schnittstellenrisiken.
Empfehlung der Projektleitung	Eine persönliche Stellungnahme bzw. eine Empfehlung zuhanden des Auftraggebers abgeben.	Die Akzeptanz von Hugo Koller als «Opinionleader» ist für die Erreichung der Projektziele sehr wichtig. Sein Anliegen macht meines Erachtens Sinn, könnten wir so das bisherige CRM vollständig ablösen. Ich empfehle daher eine Zustimmung zu dieser Änderung.

13.4 Praktische Tipps zum Umgang mit Änderungen

Das Änderungsmanagement erfüllt vor allem dann seinen Zweck, wenn es gelingt, die massgeblichen Änderungswünsche zu berücksichtigen und diese effizient zu bearbeiten:

- In der Projektorganisation von Anfang an die Kompetenzen für die Bewilligung von Änderungsanträgen regeln. Beispielsweise, dass der Auftraggeber erst bei Auswirkungen von einer gewissen Grösse (Erhöhung des Budgets um mehr als 10% usw.) zu konsultieren ist und dass kleinere Änderungen auch vom Projektausschuss bewilligt werden können. Damit braucht man den Auftraggeber nicht mit Kleinigkeiten zu «belästigen».
- Es empfiehlt sich, den Benutzern (oder Projektkunden) gegenüber keine Kultur der übermässigen Zugeständnisse oder Gefälligkeiten entstehen zu lassen. Die Praxis zeigt, dass neben allen positiven Aspekten eines solchen Verhaltens über kurz oder lang Probleme mit dem Auftraggeber und mit anderen Stakeholdern entstehen, die sich möglicherweise benachteiligt fühlen.

- Es lohnt sich, nicht jede Änderung sogleich umzusetzen. Wenn möglich mehrere Änderungen zu einem Änderungspaket zusammenfassen, dabei beispielsweise nach zeitlichen und / oder inhaltlichen Kriterien unterscheiden. Häufig wird dadurch der Umsetzungsaufwand kleiner als bei der laufenden Umsetzung von Einzelmassnahmen.
- Auch abgelehnte Änderungen lückenlos dokumentieren. Auf diese Weise lässt sich auch später gut nachvollziehen, warum gewisse Änderungen nicht umgesetzt wurden, und können wiederkehrende und nicht zielführende Diskussionen verhindert werden.
- Alle am Projekt Beteiligten über eine bewilligte Änderung transparent informieren, um von vornherein Missverständnissen und Doppelspurigkeiten entgegenzuwirken.

Zusammenfassung

Das Änderungsmanagement betrifft alle massgeblichen Veränderungen des Projektgegenstands, die sich insbesondere aus neuen Erkenntnissen in der Projektarbeit, veränderten Anforderungen, neuen Lösungsansätzen und veränderten Rahmenbedingungen ergeben.

Ziele des Änderungsmanagements	• Gründliche Prüfung der Änderungen und Auswirkungen • Nachvollziehbare Entscheide • Kontrollierte und geplante Anpassung der weiteren Projektarbeit • Dokumentation der Änderungen und Auswirkungen
Änderungsmanagementprozess	• Analyse der Änderungen (Notwendigkeit und Konsequenzen) • Erstellen eines Änderungsantrags • Entscheid über den Änderungsantrag (bewilligen, ablehnen oder zurückstellen) • Aktualisierung aller Dokumente • Weiterarbeit am geänderten Projekt
Inhalt des Änderungsantrags	• Ausgangslage • Beantragte Änderung • Betroffene Projektresultate • Betroffene Projektdaten • Risiken bei Bewilligung des Antrags • Konsequenzen bei Ablehnung des Antrags • Empfehlung der Projektleitung

Repetitionsfragen

36   Welche der folgenden Änderungen in einem Umbauprojekt sollten im systematischen Änderungsmanagement behandelt werden?

A] Die Denkmalpflege schaltet sich mit Auflagen ins Baubewilligungsverfahren ein.

B] Die Schalldämmung im Grossraumbüro ist unbefriedigend, sodass es zusätzliche bauliche Massnahmen braucht.

C] Der Bodenleger meldet, dass der gewählte Bodenbelag nicht vereinbarungsgemäss lieferbar und folglich mit einer Verzögerung seiner Arbeiten von zehn Tagen zu rechnen sei.

37   Begründen Sie in wenigen Sätzen, warum auch zurückgestellte oder abgelehnte Änderungen dokumentiert werden sollten.

14 Risiken bearbeiten

Lernziele	Nach der Bearbeitung dieses Kapitels können Sie … • die Ziele und Grundsätze des Risikomanagements in Projekten beschreiben. • für einfache Projektbeispiele die möglichen Projektrisiken erkennen.
Schlüsselbegriffe	Eventualmassnahmen, Frühwarnsystem, prophylaktische Massnahmen, Risikokategorie, Risikomanagementprozess, Risikomanagement-Portfolio, Risikotrend-Graph

Jedes Projekt ist mit gewissen Risiken verbunden. Unerwartete Ereignisse und ungeplante Veränderungen im Projektumfeld beeinflussen das Projektgeschehen und bergen erhebliche Gefahren für den Projekterfolg.

Ein umsichtiges Projekt-Risikomanagement hilft, die Projektrisiken angemessen zu steuern, indem man sich gegen potenzielle Risiken rechtzeitig wappnet oder Massnahmen einleitet, um sie einzudämmen.

14.1 Ziele und Grundsätze des Risikomanagements

Hauptziele des Risikomanagements in der Projektsteuerung sind:

- **Erkennbare Risiken vermeiden:** Wenn das Eintreten gewisser Risiken im Vorfeld bereits erkennbar ist, geht es darum, deren auslösende Faktoren zu beseitigen oder mindestens abzuschwächen. Dadurch kann der Schaden verringert werden.
- **Sich gegen unvermeidbare Risiken absichern:** Wenn kein oder nur ein begrenzter Einfluss auf das Eintreten von Risiken besteht, sollte man wenigstens die Folgen des Risikoeintritts begrenzen, z. B. durch den Abschluss einer Versicherung oder mithilfe eines vorbereiteten Notfallplans.
- **Das Gesamtrisiko vor dem Projektstart abschätzen:** Sich grundsätzlich die Frage zu stellen, ob angesichts der aktuellen Ausgangslage und der Rahmenbedingungen ein Projekt überhaupt begonnen werden soll, lohnt sich. Eine Risikoanalyse kann hier eine gute Entscheidungshilfe bieten.

Die vier Grundsätze des Risikomanagements gemäss Abb. 14-1 gelten für jedes Projekt.

Abb. [14-1]   **Vier Grundsätze des Risikomanagements**

Grundsatz	Erklärung
Unabhängige Experten einbeziehen	Unabhängige Experten oder Berater können potenzielle Problemfelder und Risiken objektiver und wertfreier beurteilen und eine wirksame Massnahmenplanung unterstützen.
Projektbegleitende Daueraufgabe	Das Risikomanagement sollte bereits im Vorfeld des Projekts beginnen und während des gesamten Projekts ein wichtiges Thema sein, um auf eintretende Risiken angemessen reagieren und die Wirksamkeit von Massnahmen beurteilen zu können.
Checklisten verwenden	Checklisten vereinfachen die Risikoanalyse und helfen, frühzeitig an typische Projektrisiken zu denken, die das Projekt ernsthaft gefährden könnten.
Ehrliche Einschätzung	Eine nüchterne, realistische Risikobeurteilung ist umso wichtiger, als in Projekten vielfach der Hang zum «Prinzip Hoffnung» besteht: Mögliche Risiken oder Probleme werden ignoriert und / oder deren Auswirkungen unterschätzt.

| Hinweis | Studien zum Risikomanagement der University of Sydney und der Technischen Universität (TU) München haben zu den folgenden Ergebnissen geführt:

- Es ist nötig, Projekte einer systematischen Analyse durch Drittpersonen zu unterziehen.
- Eine erfolgreiche Risikokontrolle setzt bereits in der Konzeptionsphase ein.
- Man kann nie alle Risiken vollständig eliminieren, aber es lohnt sich auch wirtschaftlich, die häufigsten und wichtigsten Risiken zu erfassen und zu reduzieren.
- Qualitätssicherung ersetzt nie eine Risikoanalyse, da Sachverhalte und Zielrichtungen unterschiedlich sind.
- Risikoüberwachung ist kein Hindernis für kreatives Arbeiten.
- Die Grundsätze der Risikokontrolle sind weitgehend branchenunabhängig.

14.2 Risikomanagementprozess

Abb. 14-2 zeigt die vier Schritte im Risikomanagementprozess, auf die wir in den folgenden Abschnitten genauer eingehen.

Abb. [14-2]   Risikomanagementprozess

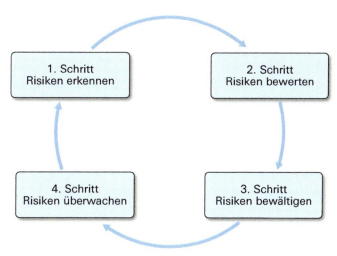

14.2.1 Risiken erkennen

Als Erstes werden die **potenziellen Schwachstellen** (Risiken) ausfindig gemacht, wenn möglich unter Einbezug der wichtigsten Stakeholder.

Als **Hilfsmittel** für die Risikoidentifikation dienen vor allem:

- Die gesamte Projektdokumentation
- Checklisten
- Brainstorming (gemeinsame Ideensammlung)
- Interviews
- Analyse von Annahmen

Es empfiehlt sich, für diesen Prozessschritt einen **neutralen Moderator** zu verpflichten, der mit dem Blick von «aussen» für eine objektivere, unabhängigere Risikoermittlung sorgen kann als etwa der Auftraggeber oder der Projektleiter.

Die gesammelten **Risiken zu kategorisieren,** schafft mehr Übersicht. Abb. 14-3 zeigt eine Möglichkeit dazu.

Abb. [14-3]   Bildung von Risikokategorien

	Erläuterung	Beispiele
Personelle Risiken	Mit dem Einsatz der Projektmitarbeitenden verbundene Risiken	• Know-how und Fähigkeiten (Fach-, Methoden- und Sozialkompetenz) • Motivation, Einstellung zum Projekt • Zuverlässigkeit, Kapazitätsengpässe (Prioritätensetzung Linien- gegenüber Projektaufgaben)
Technische Risiken	Vorhandene / geplante Geräte, Technologien oder Softwareprogramme	• Neue, unausgereifte (oder veraltete) Technologien • Systemkompatibilität (Schnittstellen zu anderen Hardware- oder Softwarekomponenten)
Projektmanagement-Risiken	Mit der Vorgehensmethodik verbundene Risiken	• Projektplanung • Projektmanagement-Methoden
Organisatorische Risiken	Mit der Projektabwicklung verbundene Risiken	• Kosten, Termine, Qualität • Projektziele und -inhalt • Schnittstellen • Projektorganisation
Externe Risiken	Von aussen einwirkende Risiken	• Datenschutzbestimmungen • Gesetzliche Auflagen • Externe Lieferanten

14.2.2 Risiken bewerten

Die Ursachenanalyse liefert wichtige Informationen für die Bewertung der Eintrittswahrscheinlichkeit. Sie beantwortet die Frage: «Was könnte das Eintreten dieses Risikos auslösen?»

Um ein Risikoprofil zu erhalten, werden die Risiken anschliessend nach den folgenden beiden Kriterien beurteilt:

- Tragweite für das Projekt: Am besten ist es, die Tragweite monetär zu bewerten, d. h., das Schadensausmass in Franken auszuweisen. Wenn keine gesicherten Daten vorliegen, behilft man sich einer symbolischen Skala.
- Eintrittswahrscheinlichkeit: Eine exakte Bewertung der Wahrscheinlichkeit, dass ein mögliches Ereignis eintritt, ist vielfach nicht möglich, sodass man sich auf die subjektive Einschätzung oder auf Erfahrungswerte abstützt. Meist verwendet man eine symbolische Skala, z. B. von 1 (unwahrscheinlich) bis 5 (sehr wahrscheinlich).

Das in Abb. 14-4 schematisch aufgezeigte Risikoportfolio gibt einen Überblick über die erkannten Risiken in einem Beispielprojekt und ihre Bewertung. Der Einfachheit halber ist dafür eine dreistufige symbolische Skala (gering – mittel – hoch) verwendet worden.

Abb. [14-4]   Risikoportfolio

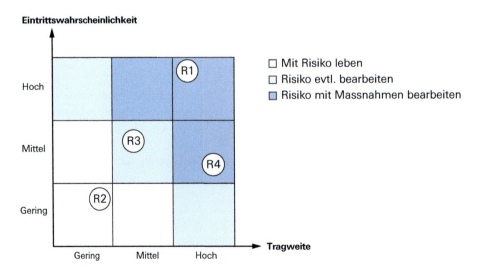

Das Risikoportfolio besagt Folgendes:

- **Massnahmen gegen hohe Risiken treffen,** d. h. jene mit einer hohen Eintrittswahrscheinlichkeit und mit einer grossen Tragweite (bzw. einem hohen Schadensausmass). In Abb. 14-4 die Risiken R1 und R4.
- **Mit kleinen Risiken leben,** d. h. jene mit einer grossen Tragweite, aber einer geringen Eintrittswahrscheinlichkeit – oder umgekehrt. In Abb. 14-4 das Risiko R2.
- **Mittlere Risiken situativ beurteilen** und gegebenenfalls Massnahmen dagegen treffen. In Abb. 14-4 das Risiko R3.

14.2.3 Risiken bewältigen

Im dritten Schritt des Risikomanagementprozesses werden konkrete Massnahmen für jene Risiken definiert, die nach ihrer Einstufung im Risikomanagement-Portfolio zu bearbeiten sind:

- Vorbeugende Massnahmen setzen bei den Eintretensursachen an und sind darauf ausgerichtet, die Eintrittswahrscheinlichkeit von Risiken zu minimieren.
- Eventualmassnahmen dienen dazu, die Tragweite des Schadens zu reduzieren, wenn das Risiko eingetreten ist. Oft lässt sich mit vergleichsweise kleinen, aber gezielten Massnahmen und ohne grossen Zusatzaufwand viel potenzieller Schaden verhindern.
- Ein Frühwarnsystem dient dazu, frühzeitig auf potenzielle Risiken aufmerksam zu werden und demzufolge auf deren Eintreten vorbereitet zu sein. Im Voraus bestimmte Indikatoren – Anzeichen, Ereignisse oder Entwicklungen – geben Aufschluss darüber, ob ein potenzielles Risiko einzutreten droht.

Bei der Planung all dieser Massnahmen sind Wirtschaftlichkeitsüberlegungen angebracht: Die durch die Massnahmen verursachten Kosten sollten den Nutzen der Schadensminderung nicht übersteigen und müssen in einem vernünftigen Verhältnis zum risikomindernden Effekt stehen.

Beispiel

- Vorbeugende Massnahme: Ein regelmässiger Austausch mit dem Linienvorgesetzten über die Ressourcensituation ermöglicht, Kapazitätsengpässe eines Schlüsselmitarbeiters in einer kritischen Projektphase zu verhindern.
- Eventualmassnahme: Wegen der drohenden Austritte wichtiger Fachspezialisten aus dem Projekt wird dem Aspekt «Dokumentation des Projekts» eine besondere Beachtung geschenkt. Dadurch reduziert sich die Personenabhängigkeit allgemein und bei einer Fluktuation würde der Schaden nicht so hoch ausfallen.
- Frühwarnsystem: Eine markante Zunahme des Indikators «Absenzen» deutet darauf hin, dass die Motivation der Projektmitarbeitenden sinkt oder sie kurz vor dem Verlassen des Projekts sind.

Abb. 14-5 zeigt beispielhaft ein Risikomanagementformular.

Abb. [14-5]　　Risikomanagementformular – Beispiel

Risiko-identifikation		Risikobewertung							Risikobewältigung			
ID	Risikobez.	Auswirkung	Schaden	Proj'-stopp	E	T	Ursachen	Indikatoren	Massn.	CHF	Verantw.	Status
1	Ausfall B. Egger	Know-how-Verlust	50 000	Nein	M	1	Konkurrenzangebot	Zwischenzeugnis	Lohngespräch (V)	12 000	PL	Geplant
2	Lieferproblem XY	Terminverzug	25 000	Nein	H	2	Technologieproblem	Test	Alternativtechnik (E)	22 500	Entw.	Geplant
…	…											

Legende:

ID	Identifikations-Nr. des Risikos
Risikobez.	Beschreibung des identifizierten Risikos
Auswirkung	Beschreibung der Auswirkungen
Schaden	Kosten in CHF, die bei Eintritt des Risikos entstehen
Proj'stopp	«Ja / Nein»-Beurteilung, ob ein Risiko bei Eintritt den Abbruch des Projekts zur Folge hätte
E	Eintrittswahrscheinlichkeit: klein, mittel oder gross (oder in %: 0–100)
T	Tragweite / Bedeutung des Risikos: 1 = grosse Tragweite, 2 = mittlere Tragweite, 3 = geringe Tragweite
Ursachen	aufgrund der Ursachenanalyse
Indikatoren	Woran können wir frühzeitig erkennen, dass die Eintrittswahrscheinlichkeit sich stark erhöht?
Massn.	V = vorbeugende Massnahmen, E = Eventualmassnahmen
CHF	Kosten für die Massnahme
Verantw.	für die Massnahme zuständige Instanz
Status	geplant; in Arbeit; erledigt

14.2.4 Risiken überwachen

Die Risiken und die getroffenen Massnahmen sind laufend zu überwachen und **im Projektstatusbericht nachzuführen.** Dabei stehen folgende Fragen im Vordergrund:

- Hat sich an der Eintrittswahrscheinlichkeit und / oder an der Tragweite der Risiken durch die Ausführung der geplanten Massnahmen etwas geändert?
- Wurden die Massnahmen überhaupt ausgeführt?
- Sind neue Risiken im Projektverlauf hinzugekommen?

Zusammenfassung

Das **Risikomanagement** in Projekten befasst sich mit der Identifikation der potenziellen Probleme, ihrer Ursachenanalyse und der Planung von Massnahmen und ihrer Überwachung.

Die **Ziele** des Risikomanagements sind:

- Vermeidung erkennbarer Risiken
- Absicherung gegen unvermeidbare Risiken
- Abschätzen der Risikohaftigkeit eines Projekts vor dem Projektstart

Der **Risikomanagementprozess** besteht aus folgenden Teilschritten und Aktivitäten:

Schritt	Aktivitäten
Risiken erkennen	• Sammeln der potenziellen Risiken (Schwachstellen). • Risiken evtl. in Risikokategorien einteilen.

Risiken bewerten	• Beurteilung anhand von drei Kriterien:
	   – Ursachen für das Eintreten des Risikos
	   – Eintrittswahrscheinlichkeit
	   – Tragweite für das Projekt
	• Eventuell Risikoportfolio erstellen.

Risiken bewältigen	• Prophylaktische Massnahmen planen (Minimierung Eintrittswahrscheinlichkeit). • Frühwarnsystem einrichten (Indikatoren für potenzielle Probleme). • Eventualmassnahmen planen (Reduktion Schadensausmass).
Risiken überwachen	• Regelmässige Kontrolle der Risiken (z. B. Risikoanalyseformular, Risikotrend-Graph) • Dokumentation der Risiken

Repetitionsfragen

38 Nennen Sie mindestens drei mögliche Projektrisiken für den Kongress «Lernen mit Neuen Medien».

39 Welche Ziele des Risikomanagements sprechen die beiden Manager an?

A] Harald Gross: «Beim Russland-Expansionsprojekt war uns bewusst: Wenn wir Pech haben, legen uns die lokalen Behörden gewaltige Steine in den Weg und gefährden das ganze Vorhaben; darauf hast du als Aussenstehender kaum Einfluss!»

B] Theo Stieger: «Habt ihr euch je gefragt, ob ihr das Projekt überhaupt starten wollt?»

C] Harald Gross: «Natürlich, alles andere wäre fahrlässig. Wir wollten diese Chance unbedingt nutzen, also sagten wir uns: Seien wir gegen jene Risiken gewappnet, auf die wir selbst einwirken können!»

40 Erklären Sie einem Aussenstehenden in wenigen Sätzen den Unterschied zwischen einer prophylaktischen Massnahme und einer Eventualmassnahme.

15 Projektabschluss

Lernziele Nach der Bearbeitung dieses Kapitels können Sie ...

- die Hauptaufgaben des Projektleiters beim Projektabschluss beschreiben.
- die Anforderungen an eine vollständige Abschlussdokumentation bestimmen.

Schlüsselbegriffe Abschlussdokumentation, Abschlussveranstaltung, Lessons learned, produktiver Betrieb, Projekterfolgskontrolle, Projektorganisation, Schlussabrechnung, Schlussbericht, Service-Organisation, Übergabeprotokoll, Übernahmeprotokoll, Wartungskonzept

Der Projektabschluss ist keine eigentliche Phase in einem Phasenkonzept, sondern ein Sammelbegriff für Aufgaben, die im Zusammenhang mit der Beendigung eines Projekts anfallen.

15.1 Ziele und Einordnung im Phasenkonzept

Mit dem Projektabschluss werden zwei Hauptziele verfolgt:

- Sicherstellen, dass das Projekt ordnungsgemäss beendet wird und alle für das Projekt temporär errichteten organisatorischen und technischen Strukturen aufgelöst werden.
- Aufgleisen aller Massnahmen, die den Betrieb der Projektlösung auch nach dem formellen Projektabschluss sicherstellen.

Mit der Übergabe des Projekts in den laufenden Betrieb und mit der Unterzeichnung des Übergabe-/Übernahmeprotokolls durch den Auftraggeber und den Projektleiter ist der formelle Abschluss des Projekts besiegelt. Die mit dem Projektabschluss zusammenhängenden Aufgaben beginnen aber bereits früher und die letzten Aufgaben des Projektabschlusses reichen noch in die Phase Systemerhalt hinein. Zeitlich gesehen fallen die Projektabschluss-Aufgaben also vorwiegend zwischen den Phasen «Einführung» und «Erhaltung» an, wie dies auch Abb. 15-1 veranschaulicht.

Abb. [15-1] Einordnung des Projektabschlusses in das Phasenkonzept

Zu den wichtigsten Aufgaben im Zusammenhang mit dem Projektabschluss gehören:

- Übergabe der Lösung in den produktiven Betrieb
- Dokumentation und Reporting: Projekt-Schlussbericht, Projekt-Schlussabrechnung
- Projektorganisation: Auflösung des Projektteams, Abschlussveranstaltung

15.2 Die Lösung in den produktiven Betrieb übergeben

Jede Projektlösung muss in den laufenden (produktiven) Betrieb integriert werden, unabhängig davon, ob es sich dabei um eine neue Applikation, um einen fertig erstellten Umbau oder um einen optimierten Arbeitsprozess handelt. Typischerweise wird diese Übergabe mit dem Übergabe- und mit dem Übernahmeprotokoll auch formell dokumentiert.

In Abb. 15-2 sind die inhaltlichen Schwerpunkte dieser beiden Protokolle zusammengestellt.

Abb. [15-2]   **Inhalte des Übergabe- und des Übernahmeprotokolls**

Übergabeprotokoll	• Übergabeobjekte (z. B. Softwarelösungen, Wartungskonzept) • Vollständige Dokumentation zu den Übergabeobjekten (z. B. Benutzerhandbücher, Wartungsunterlagen) • Leistungsmerkmale (z. B. Funktionsumfang, Qualitätsmerkmale) • Übergabemodalitäten (z. B. Verantwortlichkeiten, Abnahmefristen)
Übernahmeprotokoll	• Übernahmeobjekte (z. B. Softwarelösungen, Wartungskonzept) • Durchgeführte Prüfungen (z. B. Tests, die bereits erfolgt sind) • Festgestellte Mängel (z. B. Fehler in einer Auswertung) • Nachforderungen (z. B. Mängelerhebung, Änderungen, Preiskorrekturen) • Abnahmeentscheidung mit Kommentar sowie mit allfälligen Fristen und Verantwortlichkeiten für die Nachbesserung

Zur Übergabe an die Nutzer gehört auch, dass über den Projektabschluss hinaus für die betreffende Lösung verantwortliche Ansprechpartner für Fragen und auftretende Probleme zur Verfügung stehen. Diese werden vom Projektleiter bestimmt, allerdings in enger Abstimmung mit den betreffenden Linienverantwortlichen. Das Resultat dieser Abstimmung sind überarbeitete Stellenbeschreibungen der Linienmitarbeitenden, die als Ansprechpartner zur Verfügung stehen werden. Allenfalls müssen dadurch auch Prozesse geändert werden.

Bei der Übergabe an die Nutzer ist ebenfalls zu regeln, wie mit Fragen, auftretenden Problemen oder auch mit notwendigen Überarbeitungen über den Projektabschluss hinaus umzugehen ist. Diese vorwiegend organisatorischen Regelungen werden auch als Wartungskonzept bezeichnet und beinhalten die verantwortlichen Ansprechpartner sowie die notwendigen Wartungsprozesse. Das Wartungskonzept ist in die bestehende betriebliche Organisation einzubetten. Dementsprechend müssen in der Folge oft auch Organigramme und Stellenbeschreibungen angepasst werden.

Hinweis   In IT-Projekten bezeichnet man die verantwortlichen Ansprechpartner als Service-Organisation.

15.3 Dokumentation erstellen

Die Dokumentation beim Projektabschluss besteht aus der Abschlussdokumentation, dem Schlussbericht und der Schlussabrechnung.

15.3.1 Abschlussdokumentation

In der Abschlussdokumentation wird das Projektergebnis festgehalten. Insbesondere bei Informatik-Vorhaben und bei technischen Projekten sind hier zwei verschiedene Arten von Abschlussdokumentationen zu unterscheiden:

- Die Benutzerdokumentation – meist in Form von Arbeitsanweisungen, Benutzerhandbüchern, Bedienungsanleitungen o. Ä. – geht an die betroffenen Mitarbeitenden. Sie muss für diese Zielgruppe verständlich und benutzerfreundlich aufbereitet sein.
- Die Verfahrensdokumentation ist für die Fachexperten bestimmt. Darin werden alle relevanten Sachverhalte zur Projektlösung beschrieben, wie z. B. die Programme, die Dateien und berücksichtigten Datenflüsse, die verwendeten Materialien, die Herstellungsprozesse usw. Die Verfahrensdokumentation dient vor allem der laufenden Erhaltung (d. h. für die Maintenance oder Wartung) und einer späteren Revision.

15.3.2 Projekt-Schlussbericht erstellen

Ein vollständiger Projekt-Schlussbericht enthält nebst der Abschlussdokumentation auch eine kritische Würdigung der zurückliegenden Projektarbeit sowie allfällige Schlussfolgerungen für die künftige Projektarbeit. Dazu gehören insbesondere Aussagen zu den folgenden Aspekten:

- Ausgangslage (Business Case, Rahmenbedingungen)
- Projektziele
- Projektorganisation
- Vorgehensweise im Projekt und wichtige Methoden
- Einhaltung von Terminen, Kosten und Ressourcenaufwand
- Qualität des Projektresultats
- Qualität des Projektvorgehens (Prozessqualität)
- Zufriedenheit des Auftraggebers, der Kunden, der Nutzer und weiterer Stakeholder
- Empfehlungen zur Sicherstellung und zur Stärkung des Nutzens
- Erreichtes und Nichterreichtes sowie Erkenntnisse daraus («Lessons learned»)
- Abschliessende Gesamtbeurteilung des Projekterfolgs

Mit der Übergabe des Projekt-Schlussberichts ist das Projekt formell abgeschlossen. Das Projektteam wird somit aus seiner Verantwortung entlassen.

15.3.3 Projekt-Schlussabrechnung erstellen

Die laufende Nachführung der Projektkostenrechnung ist eine wichtige Aufgabe der Projektsteuerung. Zum Projektabschluss gehört daher auch eine detaillierte Projekt-Schlussabrechnung über die geplanten und effektiv verursachten Projektkosten und die darauf aufbauende Nachkalkulation des Projekts.

Natürlich können die Schlussabrechnung und die Nachkalkulation erst eine gewisse Zeit nach dem formellen Projektabschluss gemacht werden, da zum Zeitpunkt des Abschlusses meist noch nicht alle Rechnungen und Arbeitszeitrapporte vorliegen.

15.4 Projektorganisation aufheben

Zur Übergabe der Lösung an die Nutzer und zur Auflösung der Projektorganisation gehört eine Abschlusssitzung oder -veranstaltung.

Mit dem offiziellen Projektabschluss trennen sich meist auch die Wege der Projektbeteiligten und die Kontakte untereinander werden wieder seltener. Dieser Ablösungsprozess kann ein Gefühl der Leere und einen mehr oder weniger grossen Trennungsschmerz bewirken. Oft wird der Beziehungsebene bei Projektabschluss zu wenig Beachtung und Zeit geschenkt, sodass man mit einem unguten Gefühl auseinandergeht und entsprechend skeptisch gegenüber einer nächsten Projektarbeit ist.

15.4.1 Projektteam auflösen

Wenn eine Projektorganisation aufgehoben wird, gehen die Projektmitarbeitenden von nun an wieder getrennte Wege. Auf der Sachebene sind demzufolge auch die bestehenden Vertragsverhältnisse aufzulösen und gegebenenfalls durch neue zu ersetzen:

- Reintegration der internen Projektmitarbeitenden in die Linienfunktion oder Angebote für die Übernahme neuer Projektaufgaben in anderen Projekten.
- Auflösung der bestehenden Arbeitsverträge und Schlussabrechnung der erbrachten Leistungen bei den externen Projektmitarbeitenden, die ausschliesslich für das betreffende Projekt eingestellt wurden.

15.4.2 Abschlusssitzung oder -veranstaltung durchführen

Ein Abschlussanlass beendet symbolisch das Projekt für die am Projekt Beteiligten. Es ist Aufgabe des Projektleiters, diesen «stimmig» zu gestalten. In jedem Fall ist es sinnvoll, dabei nochmals gemeinsam die Zusammenarbeit zu thematisieren, etwa wie folgt:

- **Rückschau:** Wichtige Ereignisse und Entwicklungsschritte bewusst noch einmal aufleben lassen nach dem Motto «Weisst du noch ...?».
- **Lessons learned:** Das Erreichte und das Nichterreichte, positive und negative Erfahrungen auswerten, reflektieren und Erkenntnisse für weitere Projekte ableiten.
- **Abschied:** Noch nicht vollständig geklärte Probleme loslassen, um versöhnlich auseinanderzugehen.

15.5 Erkenntnisse aus der Praxis

Wenn ein Projekt nicht ebenso umsichtig abgeschlossen wird, wie es ursprünglich initialisiert wurde, kann dies **nachträglich zu Missverständnissen oder Missstimmungen** zwischen den Projektverantwortlichen und dem Auftraggeber oder den Nutzern führen.

15.5.1 Gefahren beim Projektabschluss

In der Praxis zeigen sich typische Gefahren im Zusammenhang mit dem Projektabschluss:

- **Künstliche Projektverzögerungen:** Projektmitarbeitende sehen für sich keine befriedigenden Herausforderungen nach dem Projektabschluss und schieben diesen daher künstlich hinaus.
- **Unklare Service-Organisation:** Weil die Ansprechpartner nach dem Projektabschluss nicht eindeutig bestimmt oder die Nutzer darüber nicht klar informiert wurden, landen deren Anfragen auch nach dem Projektabschluss bei den ehemaligen Projektmitarbeitenden. Gehen diese darauf ein, übernehmen sie unfreiwillig Supportaufgaben, für die sie nicht vorgesehen waren, und überlagern die eigentliche Service-Organisation.
- **Fehlendes Controlling:** Ohne ein Controlling über das eigentliche Projekt hinaus besteht die Gefahr, dass wichtige Verbesserungswünsche «versanden», obwohl sie beim Projektabschluss vereinbart wurden.
- **Keine konsequente Nutzenüberprüfung:** Der Nutzen der Projektlösung ist bei Projektabschluss häufig noch nicht vollständig abschätzbar. Wenn die Nutzenüberprüfung zu einem späteren Zeitpunkt nicht klar terminiert und entsprechend geplant wird, besteht die Gefahr, dass sie nie stattfinden wird.
- **Fehlende Wartungsbudgets:** Oft wird versäumt, ein Budget für die Wartung nach Projektabschluss festzulegen und vom Auftraggeber genehmigen zu lassen. Dies führt dazu, dass die Unterstützungsleistungen oder Anpassungen mit einem Minimalaufwand erfolgen. Dadurch wird die nachhaltige, effiziente Nutzung der Projektlösung beeinträchtigt.

15.5.2 Praxistipps

Als nützliche Hinweise für die Umsetzung in der Projektpraxis geben wir Ihnen zwei wichtige Schlussfolgerungen aus dieser «Gefahrenliste» mit:

- **Verbindliche Projekterfolgskontrolle:** Stellen Sie sicher, dass trotz eines abgeschlossenen Projekts noch Verantwortlichkeiten für die Durchführung der Projekterfolgskontrolle festgelegt werden. Diese müssen im Bereich des Auftraggebers bzw. der späteren Nutzer angesiedelt sein.
- **Verpflichtung der Ansprechpersonen nach Projektabschluss:** Nehmen Sie als ehemaliges Mitglied des Projektteams keine Aufgaben für die Unterstützung der Nutzer mehr direkt an, sondern verweisen Sie konsequent auf die Abläufe und Ansprechpersonen, die im Zusammenhang mit dem Projektabschluss bestimmt wurden.

Zusammenfassung

Als Hauptziele des Projektabschlusses gelten:

- Sicherstellung des **ordnungsgemässen Projektabschlusses**
- **Auflösung** der temporären organisatorischen und technischen Strukturen
- Definition von Massnahmen, die den **Betrieb** der Projektlösung nach dem formellen Projektabschluss gewährleisten

Zu den Hauptaufgaben beim Projektabschluss gehören:

- **Übergabe der Lösung in den produktiven Betrieb:** Erstellen eines Übergabeprotokolls und eines Wartungskonzepts (Bestimmung von Ansprechpartnern, Wartungsprozessen)
- **Auflösung des Projektteams:** Reintegration der internen Projektmitarbeitenden in Linienfunktionen, Auflösung der Arbeitsverträge mit externen Projektmitarbeitenden
- **Abschlussveranstaltung:** Organisation und Durchführung
- **Abschlussdokumentation / Projekt-Schlussbericht:** Benutzer- und Verfahrensdokumentation, kritische Würdigung der Projektarbeit, Schlussfolgerungen für die künftige Projektarbeit
- **Projekt-Schlussabrechnung:** inkl. Nachkalkulation

Repetitionsfragen

---

41 Der Auftraggeber eines Projekts streicht den Budgetposten «Abschlussveranstaltung», weil er deren Sinn und Zweck nicht einsieht.

Nennen Sie dem Auftraggeber mindestens zwei Argumente, die für eine offizielle Abschlussveranstaltung in Projekten sprechen.

---

42 Welches Risiko gehen Sie als Projektleiter ein, wenn Sie die Service-Organisation (Ansprechpartner) beim Projektabschluss nicht klar bestimmen?

---

43 Welche der folgenden Inhalte gehören in die Abschlussdokumentation?

☐	Arbeitsanweisungen an die Projektmitarbeitenden
☐	Benutzerhandbuch
☐	Verfahrensdokumentation
☐	Projektorganigramm
☐	Entscheidungsprotokolle der Projektausschusssitzungen

Teil E
Anhang

Antworten zu den Repetitionsfragen

1 Seite 18

A] Methodik

B] Projektteam

C] Projektumfeld, insbesondere das Topmanagement als wichtiger Promotor

D] Kommunikation (Stakeholdermanagement)

2 Seite 18

A] Kongress: Ja, alle typischen Merkmale eines Projekts sind gegeben.

B] Umbau: Ja, alle typischen Merkmale eines Projekts sind gegeben.

C] Aufbau eines MIS: Ja, alle typischen Merkmale eines Projekts sind gegeben.

D] Jahresplanung: Nein, es handelt sich um eine ordentliche Planungsaufgabe, die jährlich wiederkehrend erledigt werden muss.

E] Reorganisation: Ja, alle typischen Merkmale eines Projekts sind gegeben.

3 Seite 18

Begrenzte Ressourcen sind in der Projektpraxis meist ein kritisches Thema. Sie gefährden den Projekterfolg. Seien dies zu geringe finanzielle Mittel (Projektbudgets), unzulänglich funktionierende IT-Systeme oder vor allem auch zu wenig personelle Ressourcen (zu wenig Zeit für die betreffende Projektarbeit oder zu wenig gut qualifiziert).

4 Seite 25

Zuordnung der Aufgaben zu den Projektphasen:

Vor-studie	Grob-konzept	Detail-konzept	Aufgabe
☒	☐	☐	Bedürfnisabklärung bei Stakeholdern durchführen.
☒	☐	☐	Projektabgrenzung vervollständigen.
☐	☒	☐	Qualitätsanforderungen detailliert beschreiben.
☐	☐	☒	Ausschreibungsunterlagen (Pflichtenhefte) erstellen.
☒	☐	☐	Machbarkeit von Lösungsvarianten prüfen.
☐	☐	☒	Einführung planen.

5 Seite 25

Mit dem Phasenkonzept legt man das methodische Vorgehen für den gesamten Projektverlauf fest; eine Phase bildet einen abgeschlossenen Aufgabenblock innerhalb des Projekts.

Wie der Name schon sagt, definiert der Planungszyklus das methodische Vorgehen innerhalb einer Planungsphase; für die Erreichung des Phasenziels müssen sämtliche sechs Schritte des Planungszyklus durchlaufen worden sein.

6 Seite 25

Vor allem angesprochen werden die folgenden Zwecke:

A] Transparenz für die Entscheidenden und das Projektteam sowie Unterstützung der Projektleitung bei der Projektplanung und -steuerung

B] Klare Meilensteine für Entscheidungen

C] Unterstützung der Projektleitung bei der Projektplanung und -steuerung sowie Überblick bewahren trotz Detailarbeit

| 7 | Seite 37 | Korrekte Aussagen zum Projektinitialisierungsprozess: |

☒	Projekte, die voraussichtlich der Unternehmensstrategie zuwiderlaufen, sind grundsätzlich abzulehnen.
☒	Vor der Projektfreigabe ist zu prüfen, ob der Projektauftrag mit dem Projektantrag vereinbar ist.
☐	Ein Projektauftrag entspricht der Zielvereinbarung zwischen der Projektleiterin und dem Projektteam.[1]
☐	Im Antrag müssen visionäre Projektideen nicht so konkret ausgearbeitet sein wie reaktive Projektideen.[2]
☐	Ein Projektantrag muss eine grobe Lösungsskizze enthalten.[3]

[1] Der Projektauftrag entspricht der Zielvereinbarung zwischen dem Auftraggeber und der Projektleiterin.
[2] Je konkreter eine Projektidee ausgearbeitet ist, desto mehr Chancen hat sie, genehmigt zu werden, unabhängig davon, um welche Art einer Idee es sich handelt.
[3] Obwohl es wünschenswert ist, dass der Projektantrag bereits eine grobe Lösungsidee enthält, ist dieser nicht in jedem Fall schon möglich zu diesem Zeitpunkt und kann daher auch nicht verlangt werden.

| 8 | Seite 37 | Empfehlungen für eine Projektentscheid: |

Projekt	Bedeutung		Ihr Entscheid (Empfehlung)
	Wirtschaftlich	Strategisch	
Projekt 1	Niedrig	Mittel	Projekt evtl. realisieren
Projekt 2	Hoch	Mittel	Projekt realisieren
Projekt 3	Hoch	Hoch	Projekt realisieren
Projekt 4	Niedrig	Niedrig	Projekt ablehnen
Projekt 5	Mittel	Hoch	Projekt realisieren

| 9 | Seite 37 | A] Reaktive Idee: Veränderung des jetzigen Zustands anstreben |

B] Reaktive Idee: Veränderung des jetzigen Zustands anstreben

C] Visionäre Idee: Chance für die Zukunft nutzen

| 10 | Seite 47 | A] Falsch. In vielen Projekten lassen sich Zielkonflikte nicht vermeiden. Allerdings muss man hierbei zwischen sog. starken Konflikten bei Muss-Zielen und sog. schwachen Konflikten bei Kann-Zielen unterscheiden. Starke Konflikte müssen bereinigt werden, schwache Konflikte löst man durch die Gewichtung der Kann-Ziele. |

B] Richtig. Die Beschreibung einer Problemlösung ist ein unechtes Ziel.

C] Falsch. Muss-Ziele gelten als eindeutig zu erfüllende Restriktionen; lediglich Kann-Ziele müssen gegebenenfalls gewichtet werden.

| 11 | Seite 47 | Um die Zielerreichung messen zu können, brauchen Ziele einen Massstab: Sie müssen operationalisiert werden. Als Massstab sind sowohl qualitative als auch quantitative Kriterien möglich. |

| 12 | Seite 48 | A] Im direkten Vergleich wird das Ziel «Tiefe Investitionskosten» bevorzugt (Buchstabe «b» im Schnittpunkt). |

B] In der Spalte «M» wird die modifizierte Gewichtung angegeben, in der Spalte «G» die ursprüngliche Gewichtung, die sich aus der Anzahl Nennungen ergibt. Beim Ziel «Tiefe laufende Kosten» wurde die modifizierte Gewichtung um 3% leicht angehoben.

C] Das Ziel «Gute Arbeitsbedingungen» hat am wenigsten Nennungen erhalten und ist somit am tiefsten gewichtet. Es erscheint auf dem siebten und letzten Rang.

13 Seite 57	Auswertung Einfluss-Interessen-Matrix:

- S1: keine besonderen Aktivitäten ausser ergebnisorientierten Informationen; diese Stakeholder verfügen über wenig Einflussmöglichkeiten auf das Projekt.
- S2: Kooperation, Beziehungspflege; diese Stakeholder sind die wichtigsten Partner im Projekt, ihr Einfluss und ihr Interesse sind hoch.
- S3: Aktiv und regelmässig informieren; trotz des geringen Einflusses sind diese Stakeholder besonders in schwierigen Situationen nicht zu unterschätzen, da ihr Interesse am Projekt gross ist.
- S4: Zufriedenstellen; aufgrund ihrer Machtstellung haben sie einen grossen Einfluss, auch wenn sie sich für das betreffende Projekt weniger zu interessieren scheinen.

14 Seite 57	Schlüsselfragen bei der Projektumfeldanalyse:

- Welche Stakeholder sind vom Projektergebnis wie betroffen?
- Welche Interessen verfolgen die Stakeholder?
- Wie lassen sich die Projektziele mit den Interessen der relevanten Stakeholder vereinbaren?

15 Seite 57

A] Kunden (Anwender)

B] Sponsoren

C] Kunden (Nutzer)

16 Seite 61

Die Kriterien eines angemessenen Dokumentationsmanagements lauten: So viel und so detailliert wie nötig dokumentieren, nicht so viel wie möglich. Die Projektbeteiligten wie auch Aussenstehende sollten den Projektverlauf jederzeit nachvollziehen können. In vielen Fällen eignet sich dafür die Dokumentation analog den Projektphasen am besten.

17 Seite 61

Grundsätze der Projektinformation:

A] Systematisch informieren.

B] Transparent informieren.

C] Gezielt informieren.

18 Seite 71

Korrekte Aussagen zur Projektorganisation:

☒	Der Auftraggeber leitet den Projektausschuss.
☐	Der Projektleiter kann dem Project Office die Planungsverantwortung delegieren.[1]
☒	Der Projektmitarbeiter trägt die Ausführungsverantwortung für seine Arbeitspakete.
☐	Der Teilprojektleiter gehört zur Lenkungsebene.[2]
☐	Der Projektleiter trägt die oberste Verantwortung für die Projektergebnisse.[3]

[1] Der Projektleiter kann zwar Planungsaufgaben delegieren, behält aber die Planungsverantwortung.
[2] Der Teilprojektleiter gehört zur Führungsebene.
[3] Der Auftraggeber trägt die oberste Verantwortung für die Projektergebnisse.

19 Seite 71		A] Argumente für die Stabs-Projektorganisation:

- Keine Beeinträchtigung des regulären Tagesgeschäfts
- Aufnahme von Mitarbeitenden in das Projektteam einfach möglich (keine Wiedereingliederung notwendig, Mitarbeitende können in mehreren Projekten tätig sein)
- Keine grösseren organisatorischen Massnahmen notwendig

B] Argumente für eine andere Projektorganisationsform:

- Grosse Bedeutung für das Unternehmen: Kostenfolgen im Entlohnungssystem
- Mittleres bis hohes Risiko der Zielerreichung: heikles Projekt mit Risiko eines Imageschadens, wenn die Ziele nicht erreicht werden
- Mittlerer bis hoher Komplexitätsgrad
- Grosses bis sehr grosses Bedürfnis nach einer zentralen Projektsteuerung

20 Seite 71 — Der Auftraggeber trägt die Gesamtverantwortung für das Projekt und somit auch für die Projektergebnisse.

21 Seite 71 — Für die Matrix-Projektorganisation sprechen die folgenden Kriterien:

- Grosse Bedeutung für das Unternehmen
- Teilzeitmitarbeitereinsatz erforderlich
- Verschiedene Unternehmensbereiche bzw. Schnittstellen sind zu koordinieren (mittlerer bis hoher Komplexitätsgrad)
- Bedürfnis des Auftraggebers nach einer zentralen Steuerung
- Mittelfristige Projektdauer

Eine reine Projektorganisation einzurichten, wäre zu aufwendig, und für eine Stabs-Projektorganisation ist das Vorhaben zu bedeutungsvoll und zu umfangreich.

22 Seite 81 — Projektstrukturplan für den Kongress «Lernen mit Neuen Medien»:

A] Gliederung nach Objekten

B] Die Gliederung nach Objekten scheint aus folgenden Gründen sinnvoll:
  - Logische Aufteilung von abgrenzbaren Kongress-Teilelementen
  - Transparente Struktur (für Entscheidungsgremien, Projektleitung und -mitarbeitende nachvollziehbar)

23 Seite 81 — Am ehesten kommen die folgenden Gliederungsprinzipien infrage:

- Gliederung nach Projektphasen (Begründung: Es handelt sich um ein einfacheres Organisationsprojekt, bei dem die Gliederung gemäss Vorgehensmethodik ausreicht.)
- Gliederung nach Objekten (Begründung: Sofern unterschiedliche Gegebenheiten in den Absatzmärkten herrschen, die einen wesentlichen Einfluss auf die Produktmanagementlösung haben könnten, ist dieses Gliederungsprinzip passender als die Gliederung nach Projektphasen.)

24 Seite 81 — Eine angemessene Strukturierungstiefe erreichen Sie, wenn Sie allen am Projekt beteiligten Mitarbeitenden klare Arbeitspaketaufträge vergeben können.

25 Seite 89 — Weil nach der Ablaufplanung die Terminplanung erfolgt, bei der der zeitliche Aufwand pro Vorgang berechnet wird.

26 Seite 89 — Der kritische Pfad zeigt alle Vorgänge des Projekts, die keine Zeitreserven bis zum Beginn des nächsten Vorgangs aufweisen. Somit wirkt sich eine Zeitverschiebung bei einem solchen Vorgang direkt auf das Ende des Projekts aus.

27 Seite 89 A] Bemerkung zur Vorgangsliste für den Kongress «Lernen mit Neuen Medien»: Nicht der Zeitaufwand der betreffenden Personen, sondern die Dauer des Vorgangs wird eingetragen.

ID	Vorgang (Arbeitspaket)	Dauer (Tage)	Verantw.	Vor-gänger
P3.1	Grobkonzept für Kongressprogramm entwerfen (Varianten)	16	R. Weibel	
P3.2	Detailkonzept für Kongressprogramm erstellen	10	R. Weibel	P3.3
P3.3	Referenten aufbieten	16	T. Reichlin	P3.1
P3.4	Dokumentation zu den Referaten zusammenstellen	41	N. Cotti	P3.5
P3.5	Detailkonzept für Podiumsdiskussion erstellen	9	G. Lukesch	P3.2
...	...	...	...	...

B] Mögliche Begründung für Vorgängerdefinition: Für das Detailkonzept müssen die Referenten (bzw. Referatsthemen) bekannt sein; aus dem Detailkonzept für das Kongressprogramm ergibt sich jenes für die Podiumsdiskussion; die Dokumentation kann erst erfolgen, nachdem das Programm feststeht.

28 Seite 93 Die Evaluation des Kongressorts bzw. geeigneter Kongress-Räumlichkeiten stellt in mehrerlei Hinsicht einen kritischen Erfolgsfaktor für das Projekt dar:

- Richtige Grösse (angepasst auf die Teilnehmerzahl, nicht zu gross, auf keinen Fall zu eng / klein)
- Zum Kongressthema passend (gehobene, moderne technische Infrastruktur und Anschlüsse bzw. Leitungen für Demonstrationsmöglichkeiten des Lernens mit Neuen Medien usw.)
- Mietpreis (gemäss Budget, beeinflusst unter anderem die Teilnahmegebühren für den Kongress, was sich auf die Teilnehmerzahl auswirken kann)
- Gute Erreichbarkeit mit öffentlichen Verkehrsmitteln bzw. mit dem Auto (z. B. zentral gelegen für die Zielgruppen, Nähe zum Flughafen usw.)
- Rechtzeitige Reservation (falls nur ein beschränktes Angebot an geeigneten Objekten vorhanden und dieses bereits ausgebucht ist, kann die Veranstaltung unter Umständen nicht durchgeführt werden)

29 Seite 93 Mögliche Schwierigkeiten bei der internen Rekrutierung sind (Kommentar zum Beispiel):

- Gute Mitarbeitende werden von den Linienvorgesetzten nur ungern für Projekte «freigegeben».
- Gute und / oder einflussreiche Mitarbeitende sind oftmals stark beansprucht, sowohl in ihrer Linientätigkeit als auch in weiteren Projekten.
- Bei einer starken Beanspruchung durch das Projekt braucht es organisatorische Massnahmen (Entlastung in der übrigen Tätigkeit), ansonsten drohen Überlastungen bzw. Terminverschiebungen im Projekt.
- Eine objektive Kompetenzüberprüfung ist evtl. schwieriger als bei externen (Fach)spezialisten.

30 Seite 98 (Kommentar zum Beispiel)

Direkte Personalkosten können eindeutig einem Arbeitspaket zugeordnet werden (z. B. die Fachspezialistin, die ein Arbeitspaket bearbeitet), indirekte Personalkosten jedoch nicht (z. B. die Projektleiterin oder der Projektadministrator, die für das gesamte Projekt arbeiten).

| 31 | Seite 98 | Kostenplanung für Kongress «Lernen mit Neuen Medien»: |

A] Betroffene Kostenarten:
- Interne Personalkosten (Zeitaufwand für Anrufe); Betriebsmittelkosten (Telefongebühren)
- Interne Personalkosten (Zeitaufwand für Essen und Weg, Wegspesen, Restaurantrechnung)
- Externe Personalkosten (Honorar, Spesen für Referenten); interne Personalkosten (Zeitaufwand von T. Reichlin für Verhandlungen)
- Interne Personalkosten (Zeitaufwand für Briefing)

B] Es bietet sich eine Gliederung nach Kostenträgern an, und zwar gemäss Projektstrukturplan nach: Transport; Verpflegung / Übernachtung; Kongressprogramm; Rahmenprogramm; Kongressmarketing.

| 32 | Seite 117 | Aussagen zur Projektsteuerung: |

A] Grundsätzlich richtig; das Resultat fällt aber zu positiv aus, wenn viele Arbeitspakete lediglich angefangen, die Arbeitsfortschritte aber bereits mit «50%» bewertet wurden.

B] Richtig.

C] Falsch; der Earned Value besagt, wie viel die bisher erbrachte Leistung kosten dürfte.

D] Falsch; die beschriebene Interpretation betrifft den CPI (Cost Performance Index).

| 33 | Seite 117 | Auswertung Arbeitsfortschrittsdiagramm: |

A] Ab Anfang Mai bis gegen Mitte August lag die Ist-Kurve unter der Soll-Kurve. In diesem Zeitraum wies das Projekt einen Terminverzug auf, der in den Monaten Juni und Juli besonders deutlich ausfiel. Per 31. August zeigt sich ein gegenteiliges Bild: Der tatsächlich erreichte Arbeitsfortschritt ist seit der zweiten Hälfte Juli stark angestiegen und ist mittlerweile um rund 15% höher als geplant. Mögliche Gründe könnten zusätzlich verpflichtete Projektmitarbeitende oder eine vormals zu konservative Einschätzung des Projektfortschritts sein. Gemäss Projektplan sollte das Projekt in etwa sechs Wochen abgeschlossen sein. Falls sich der Trend seit der zweiten Hälfte Juni fortsetzt, dürfte ein vorzeitiger Projektabschluss möglich sein.

B] Mögliche Fragen:
- Worauf ist der steile Anstieg im Arbeitsfortschritt der letzten Wochen zurückzuführen?
- Welche Auswirkungen hat der Arbeitsfortschritt auf die Kostensituation? Müssen wir mit einer Kostenüberschreitung bei den Personalkosten rechnen?
- Wie realistisch ist ein vorzeitiger Projektabschluss? Welchen Termin streben Sie an?

| 34 | Seite 117 | Mögliche Steuerungsmassnahmen: |

- Verpflichtung eines zusätzlichen Projektmitarbeiters (strukturbezogene Massnahme).
- Vergabe des Auftrags an eine externe (Event-)Agentur (strukturbezogene Massnahme).
- Kapazitätenkonflikt mit Olivia Hess und mit ihrem Linienvorgesetzten lösen (steuerungsbezogene Massnahme).
- Motivation bei Olivia Hess fördern, sofern fehlende Motivation das eigentliche Problem ist (kulturbezogene Massnahme).

35 Seite 117		Argumente für schriftliche Projektstatusberichte:

- Schriftlichkeit schafft eindeutige, klare Grundlagen. Bei der mündlichen Berichterstattung hingegen besteht die Gefahr, dass wichtige Informationen untergehen oder unterschiedlich interpretiert werden.
- Der Auftraggeber trägt die oberste Verantwortung für das Projekt. Falls es im Verlauf des Projekts zu Problemen kommen sollte und die Gefahr besteht, dass der Auftraggeber sich dieser Verantwortung entziehen möchte, kann der Projektleiter besser «beweisen», worüber der Auftraggeber informiert war und welche Entscheidungen er getroffen hatte. – Im umgekehrten Fall kann der Auftraggeber nachweisen, worüber er informiert bzw. nicht informiert war, und somit den Projektleiter für Versäumnisse in der Projektabwicklung belangen.
- Die schriftliche Berichterstattung zwingt dazu, regelmässig Rechenschaft über die Projekt-Zwischenergebnisse abzulegen.

36 Seite 123

A] Zu behandeln, da sich die veränderten Rahmenbedingungen auf den Projektgegenstand auswirken.

B] Zu behandeln, da sich die Anforderungen an das Projektresultat mit entsprechenden Kosten- und Terminfolgen verändert haben.

C] Nicht zu behandeln, solche Lieferverzögerungen gehören zum Projektmanagement.

37 Seite 123

Dank einer lückenlosen Dokumentation kann auch später nachvollzogen werden, warum gegen bestimmte Änderungen entschieden wurde. Dies schafft mehr Verbindlichkeit und aufwendige Diskussionen über das Für und Wider abgelehnter oder zurückgestellter Änderungen müssen so nicht erneut geführt werden.

38 Seite 129

Mögliche Projektrisiken:

- Personelle: mangelnde Erfahrung der Mitarbeitenden
- Technische: IT-Infrastruktur fällt während des Kongresses aus, Verbindungszusammenbruch bei den Internetleitungen während einer Produktpräsentation
- Organisatorische: Kosten-, Terminüberschreitungen
- Externe: mangelnde Zuverlässigkeit der Lieferanten (Transport, Verpflegung, Hotel), Referenten sagen kurzfristig ab, zu wenig Teilnehmende usw.

39 Seite 129

A] Harald Gross: Absicherung gegen unvermeidbare Risiken

B] Theo Stieger: Risikohaftigkeit des Projekts vor Projektstart

C] Harald Gross: Vermeidung erkennbarer Risiken

40 Seite 129

Eine prophylaktische Massnahme zielt darauf ab, die Eintretenswahrscheinlichkeit zu verringern, während man Eventualmassnahmen trifft, um die Tragweite des Schadens (das Schadensausmass) zu reduzieren.

41 Seite 134

Folgende Argumente sprechen für eine offizielle Abschlussveranstaltung:

- Ein Projekt mit einem offiziellen Akt beenden, wie es mit einem Kick-off-Meeting gestartet wurde.
- Eine gelungene Abschlussveranstaltung setzt einen positiven Schlusspunkt.
- Eine gelungene Abschlussveranstaltung hat eine wichtige symbolische Bedeutung für alle Beteiligten.

42 Seite 134	Das Risiko, dass Supportanfragen und weitere Fragen weiterhin bei Ihnen oder beim Projektteam landen, obwohl das Projekt offiziell bereits abgeschlossen ist.
	Für diese Aufgaben müssten Sie spätestens beim Projektabschluss eine funktionstüchtige Service-Organisation mit den Ansprechpartnern bestimmt haben. Ist dies der Fall, sollten Sie die Anfragenden konsequent an sie verweisen.
43 Seite 134	Inhalte der Abschlussdokumentation:

☐	Arbeitsanweisungen an die Projektmitarbeitenden
☒	Benutzerhandbuch
☒	Verfahrensdokumentation
☐	Projektorganigramm
☐	Entscheidungsprotokolle der Projektausschusssitzungen

Stichwortverzeichnis

A
Ablauf- und Terminplanung	82
Abschluss Projekt	130
Abschlussdokumentation	131
Abschlussveranstaltung	133
Änderungsantrag	121
Änderungsmanagement (Changemanagement)	118
Änderungsmanagementprozess	120
Antragsprüfung	32
Antragsverfahren	31
Anwender (Stakeholder)	52
Arbeitsfortschritt	102
Arbeitspakete	79, 90, 102
Arbeitsrapport	102
Auftraggeber	31, 51, 53, 55, 64

B
Balkendiagramm	87, 106
Basis-Phasenkonzept	19
Bedarfsübersicht	91
Benutzerdokumentation (Projekt)	131
Betriebsmittelkosten	96

C
Controlling	101
Cost Performance Index (CPI)	112
Critical Chain	88

D
Darstellungstechniken	
– Arbeitsfortschritts-Vergleichsdiagramm	107
– Balkendiagramm (Gantt-Diagramm)	88, 107
– Earned-Value-Verlaufsdiagramm	110
– Einfluss-Interessen-Matrix	53
– Kostenvergleichsdiagramm	110
– Meilenstein-Trendanalyse	108
– MPM-Netzplan	86
– Präferenzmatrix	46
– Projektportfolio	33
– Ressourcen-Belastungsdiagramm	93
– Ressourcen-Soll-Ist-Diagramm	114
– Risikoportfolio	126
– Stakeholdermap	54
Detailkonzept (Phasenkonzept)	20

E
Earned Value	110
Einfluss-Interessen-Matrix	53
Einführung (Phasenkonzept)	20
Entscheider (Stakeholder)	52
Erfolgsfaktoren für Projekte	15
Erhaltung (Phasenkonzept)	20
Eventualmassnahmen (Risikomanagement)	127

F
Fertigstellungsgrad konsolidieren	105
Freigabe des Projekts	36
Frühwarnsystem	127
Funktionsdiagramm	62

G
Gantt-Diagramm	87, 106
Gewichtung der Ziele	44
Gliederungsprinzipien	77
Grobkonzept (Phasenkonzept)	20

I
Informationskonzept	59
Initialisierungsprozess	29
Instanzen	63
Ist-Situation des Projekts	102, 104

K
Kanbansystem	24
Kann-Ziele	41
Kapazitätsgruppen	91
Kick-off-Meeting	36, 47
Kollaborationstools	24
Kommunikationsmanagement	17
Kontierungsrichtlinien	105
Kostenkontrolle	105
Kostenplan	96
Kostenplanung	94
Kostenvergleich	109
Kunden (Stakeholder)	52, 53, 55

L
Laufende Projektdokumentation	60
Leistungsziele	42
Lenkungsgremium	52, 53
Lessons learned	15, 133
Lobbying	49

M
Materialkosten	96
Matrix-Projektorganisation	68
Meilenstein	14
Multiprojektmanagement	13
Muss-Ziele	41

N
Netzplan	85
Nutzer (Stakeholder)	52

O
Öffentlichkeit (Stakeholder)	52, 55
Opinionleader (Stakeholder)	52
Organisationsformen	66

P
Personaleinsatzplan	92
Personalkosten	96
Phasenkonzept	19
Planung	
– Ablauf und Termine	82
– Kosten	94
– Ressourcen	90
– Vorgehensmethodik	19
Planungszyklus	22

Portfolio	33, 113
Präferenzmatrix	45
Produktiver Betrieb	130
Project Office	65
Projektabschluss	15, 130
Projektantrag	30
Projektarten	12
Projektauftrag	34, 118
Projektausschuss	31, 64
Projektdokumentation	15, 60, 131
Projektentscheid	33
Projekterfolgskontrolle	133
Projektführung	14
Projektidee	17, 29
Projektinformation	15, 58
Projektinitialisierung	14, 29
Projektleiter	15, 65
Projektleitungsressourcen	91
Projektmanagement-Tools	23, 102
Projektmarketing	14, 49
Projektmerkmale	11
Projektorganisation	62, 132
Projektservicestelle	32
Projektstart	36
Projektstatusbericht	115, 128
Projektstatus-Meeting	102
Projektstrukturplan (PSP)	14, 75
Projektteam	16, 55, 66, 91, 132
Projektteamsitzung	102
Projektumfeldanalyse	17, 38
Projektziele	38
Promotor (Stakeholder)	16

Q
Qualitätsstand	105

R
Realisierung (Phasenkonzept)	20
Redundante Ziele	40
Reine Projektorganisation	66
Reporting	58, 115
Ressourcen-Belastungsdiagramm	93
Ressourcenkontrolle	114
Ressourcenplanung	90
Ressourcenvergleich	114
Risikomanagementprozess	125
Risikoportfolio	126
Rollen im Projekt	63

S
Sachmittel-Auswahl	92
Schätzverfahren	84
Scheduled Performance Index (SPI)	111
Schlussabrechnung	132
Schlussbericht	132
Service-Organisation	133
Soll-Ist-Vergleich	106
Soll-Ziele	41
SPI-CPI-Diagramm	112
Sponsoren (Stakeholder)	52
Stabs-Projektorganisation	67
Stakeholder	38
Stakeholderbeziehungen	54
Stakeholderidentifikation	51
Stakeholdermanagement	14, 49
Stakeholdermanagementkonzept	54
Steuerungsmassnahmen	115
Strukturelemente	76
Stufenweise Gewichtung	45
Systemziele	42

T
Teilprojektleiter	65
Terminkontrolle	104
Terminplanung	87
Terminvergleich	106

U
Übergabeprotokoll	131
Übernahmeprotokoll	131
Ursachenanalyse Abweichungen	114

V
Verfahrensdokumentation (Projekt)	131
Vorgängervorgänge	85
Vorgangsdauer	83
Vorgangsknoten-Netzpläne	86
Vorgangsliste	82
Vorgehensmethodik	19
Vorgehensziele	43
Vorstudie (Phasenkonzept)	20

W
Wartungskonzept	131

Z
Zeitpuffer	88
Ziele definieren	38
Zielkonflikte	41